地図と鉄道省文書で読む私鉄の歩み

関東 1

東急・小田急

今尾恵介

白水社

地図と鉄道省文書で読む私鉄の歩み
関東（1）東急・小田急

はじめに

鉄道や軌道の許認可に関する戦前の公文書が鉄道省（鉄道院）文書である。会社設立から鉄道・軌道敷設、停車場の新設や廃止、変電所や引込線の新設から車両関係に至るまで、さまざまな分野にまたがる許認可を記した文書だ。

これら国立公文書館に収蔵されている公文書の、古くは和紙に墨書――後には洋紙に万年筆と変わっていくが、それらを綴じた簿冊を一ページずつ繰りながら閲覧していくと、個々の事象は些末に見えることながら、それらの積み重ねを俯瞰してみると、一つの鉄道会社の黎明期から現在に至るまでの総体的な歩みがぼんやりと浮かび上がってくる。

会社のいろいろな申請に対して、許認可権者たる内務大臣や鉄道大臣（鉄道院総裁）の名が墨痕淋漓《ぼっこんりんり》たる筆致で記されており、それらはたとえば日本史の教科書でお目にかかった桂太郎、原敬や西園寺公望など錚々たる顔ぶれだ。彼らの印鑑と、時に花押の実に重厚なこと。

文書のページの行間からは、これから鉄道が敷設されて発展していく地域の期待や、事業の成功を祈る事業家の野望などが見え隠れする。しかしそれらは期待に満ちたものばかりではなく、戦時中の文書を繰れば、石油禁輸などで紙質の悪くなった黄土色の紙に綴られているのは、たとえば資材不足でどうにも貨客の輸送がままならない状況に対する呻き声だ。空襲に見舞われる時期になっても毎日これらに丁寧に対応した省庁の事務官たちの姿も目に浮かぶ。疎開した家族のことも気懸かりだったであろう。

鉄道会社の日々の地道な業務の積み重ねと、その許認可を担当する事務官たち。時には書類の不備で出頭を命じられた鉄道会社の社員が風呂敷包みをほどき、一所懸命に資料を示しつつ説明する場面もあっただろう。それらの小さな作業の積み重ねによって線路は建設され、日々の電車の運行は無事に行なわれ、今日の世界に冠たる「鉄道王国」は築き上げられた。

大上段に振りかぶるような話、社史に太ゴシックの見出しで飾られるような話ではなく、それら記念的な印刷物から除外されたような、ふつうの鉄道会社の職員やふつうの沿線住民、そしてふつうの公務員たちが地道に働いていた日常を意識しつつ、当時をしのばせるに最適な大きな縮尺の地形図という舞台装置を使って、鉄道会社のある一側面を描いてみたいと思う。もちろん「もうひとつの私鉄史」などと大きく構えるつもりは毛頭ないが、私個人が注目した、あるいはたまたま公文書の中で発見した文章をきっかけに、当時の地図や時刻表を眺めることで得られた「物語」をまずはお読みいただきたい。ただし歴史の専門家でもなければ、鉄道や会社組織に関して特段に広い知識を持っているわけでもない私のことである。とんでもない勘違いをしているかもしれないので、お気付きの際にはご教示いただければありがたい。

＊引用した公文書は読みやすさを考慮して漢字を新字に改め、適宜句読点を補い、必要と思われる箇所で改行を行なった。それ以外は国立公文書館収蔵の原本の通りである。

目次

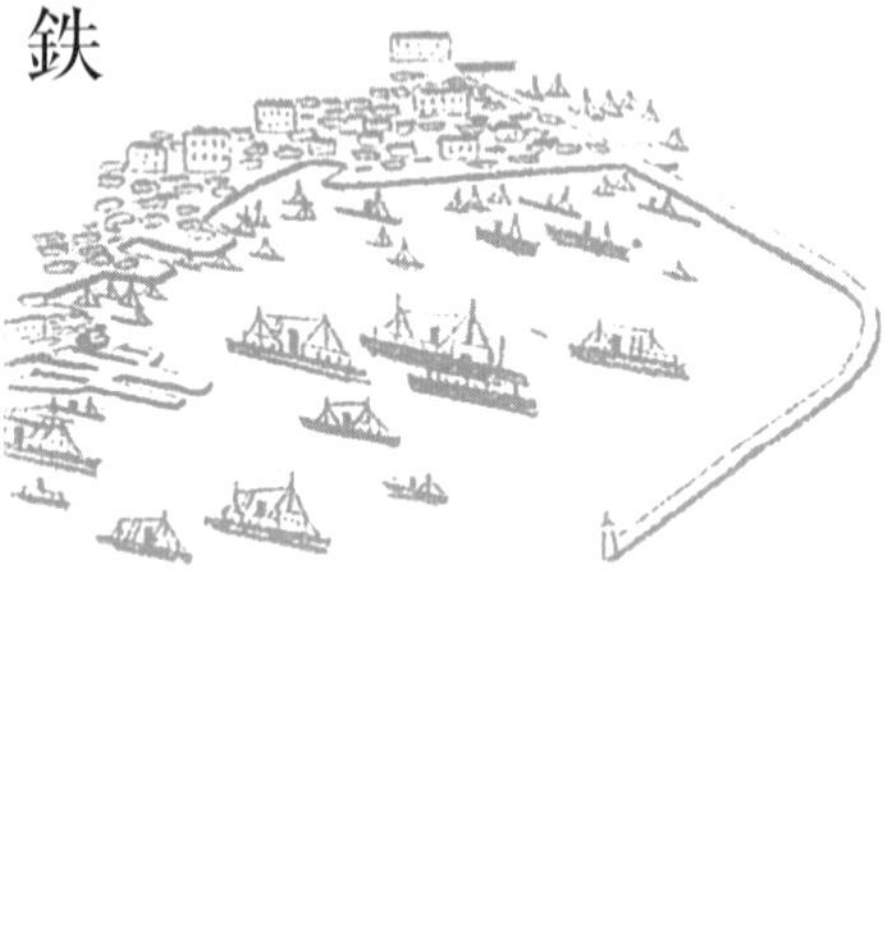

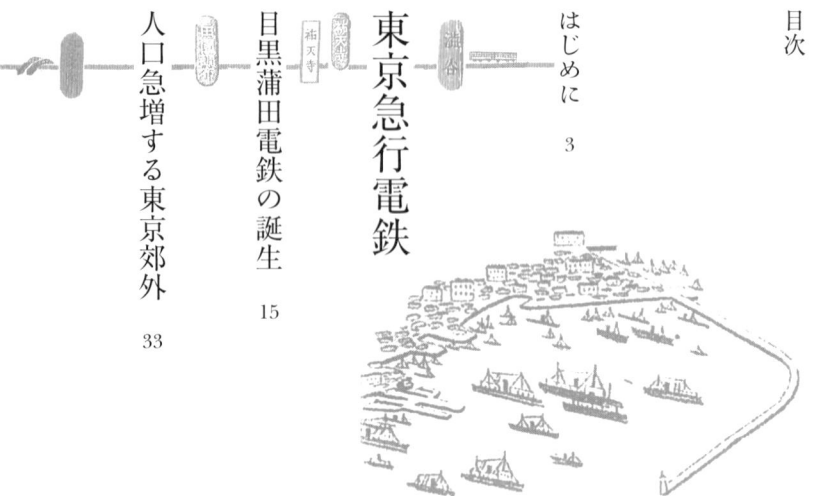

小田急電鉄

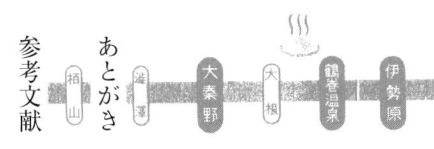

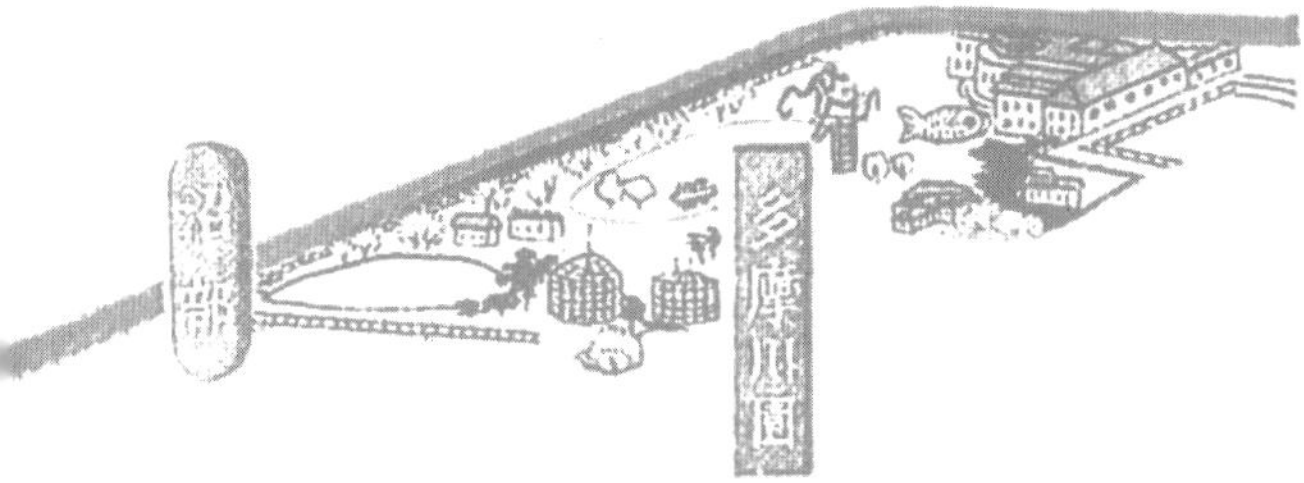

多摩川園

地図と鉄道省文書で読む私鉄の歩み

関東（1）東急・小田急

静岡
沼津
菊名池
田園都市
田園都市
綱島温泉
太田町
白楽
菊名
太尾
熊野神社
妙蓮寺
東神奈川
成田山水行場
三笠園
花月園
總持寺
鶴見
川崎大師

東京急行電鉄

目黒蒲田電鉄の誕生

ルーツは田園都市株式会社

平成二五年（二〇一三）三月一六日、開業以来八五年半の長きにわたって東急東横線のターミナルであった渋谷駅が地下化された。山手線を跨ぎ、渋谷川を俯瞰しつつ走る電車の姿はもう見られない。この路線変更は東京メトロ副都心線と相互直通運転するためのもので、これによりたとえば横浜の元町・中華街駅から特急川越市行き、飯能行きといった電車が、渋谷、新宿三丁目、池袋を経て東武東上線、西武池袋線方面へ頻繁に運転されるようになった。

実は東横線のルーツといえる武蔵電気鉄道は、新宿に至る路線の計画（碑文谷《ひもんや》～新宿間の支線。大正元年敷設免許取得）を持ちながらも、ついに実現していない。だから東横線の電車が計画からはるばる一〇一年の歳月を経て新宿（三丁目）へ直通する日を迎えた今、はるか昔に故人となった武蔵電気鉄道の発起人一同は、これを天上から俯瞰して――地下線だから見えないかもしれないが、きっと感慨無量であろう。

さて、東京急行電鉄という名称は昭和一七年（一九四二）以来の比較的新しいもので、それ以前は東京横浜電鉄と目黒蒲田電鉄であった。正確には目黒蒲田電鉄が昭和一四年（一九三九）に同系列の東京横浜電鉄を吸収合併して新たに「東京横浜電鉄」と改称し、太平洋戦争中の同一七年（一九四二）には陸上交通事業調整法の趣旨に則って小田急電鉄と京浜電気鉄道（現京浜急行電鉄）を加えて設立されたのが東京急行電鉄である。

現在東急が運輸営業を行なう路線は、鉄道線では東横線と田園都市線という二つの「幹線」に加え、目黒線・多摩川線・大井町線・池上《いけがみ》線の計九二・五キロメートル（東横線・目黒線の重複区間は除外。第二種鉄道事業線である「こどもの国線」を含む）、これに加えて路面電車出身の軌道線・世田谷線五・〇キロメートルを加えた計九七・五キロメートルである。

前身で分類すれば東横線が東京横浜電鉄、目黒線・多摩川線・大井町線が目黒蒲田電鉄、池上線が池上電気鉄道、世田谷線が玉川電気鉄道、そして東急として建設されたのが田園都市線である。このうち会社として最も古いのは玉川電気鉄道で、明治四〇年（一九〇七）三月六日に道玄坂上〜三軒茶屋間を開業している（同年内に渋谷〜玉川間を開業）。この路線は主に大山街道の路上に敷設された路面電車であったため、モータリゼーションに逐われるように昭和四四年（一九六九）に廃止された。その支線として建設された現世田谷線は専用軌道であったため生き残ったが、こちらは大正一四年（一九二五）の開業なので、東急で最も古い現役の路線といえば目黒線と多摩川線の各一部にあたる目黒〜丸子（現沼部）間で、目黒蒲田電鉄として大正一二年（一九二三）三月一一日に開業したものだ。

関東の大手私鉄の中では意外に新しいと見ることもできるが、最初は蒸気機関車牽引の鉄道としてスタートした東武鉄道、西武鉄道（川越鉄道）、相模鉄道（神中鉄道）、路面電車に準ずる形態で始まった京浜急行（大師電気鉄道―京浜電気鉄道）、京王電鉄（京王電気軌道）、京成電鉄（帝釈人車軌道―京成電気軌道）とは違い、目黒蒲田電鉄は最初から「高速電気鉄道」としてスタートした路線としては最も早い時期にあたる。ちなみに小田急電鉄（小田原急行鉄道）は昭和二年（一九二七）の開業だ。

細かいことを言えば目黒蒲田電鉄が開業する五か月前の大正一一年（一九二二）一〇月六日に、当時の「ライバル社」であった池上電気鉄道が蒲田から池上までわずか一・八キロのみ先行開業していたが、いずれにせよこちらも東急に吸収されている。

関東で最初期の高速電気鉄道・目黒蒲田電鉄の特色は、それよりむしろ田園都市株式会社という宅地開発会社の子会社として発足したことにある。田園都市と聞けば「田園都市線」を連想するが、現在の田園都市線の沿線は川崎市宮前区から横浜市青葉区を中心とした郊外エリアで、昭和四〇年代からの高度成長期以降のニュータウンである。

しかしこの「田園都市」は大正の昔に遡る由緒ある用語であり、その名を冠した田園都市株式会社がその開発を連綿と行なってきた。日本で最も有名な高級住宅地である田園調布も、調布村にできた田園都市だ。東急の淵源はまさにこの田園都市であるが、その主唱者であり、また田園都市株式会社の発起人の一人である渋沢栄一は、次のように田園都市の意義を唱えている。『東京急行電鉄五〇

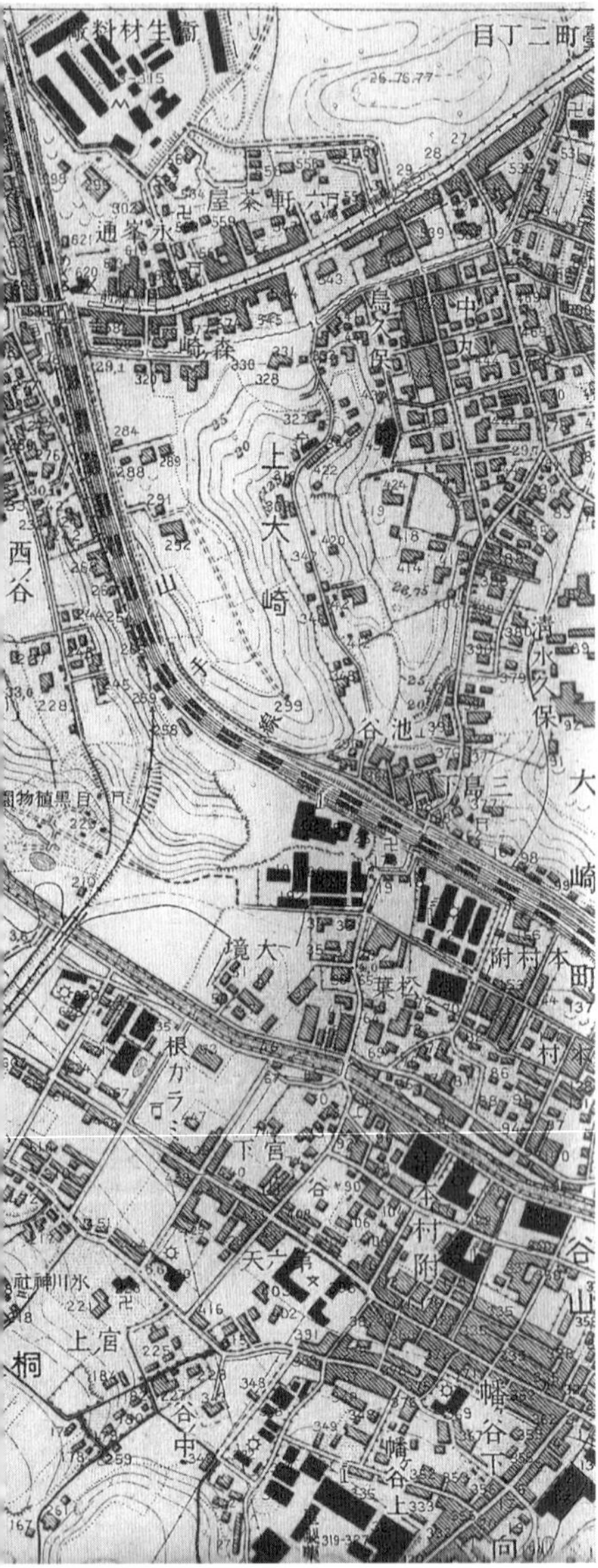

図1　目黒蒲田電鉄が開業して間もない頃の目黒駅付近。西方には目黒競馬場（昭和8年に府中に移転）も見える。1:10,000「品川」大正14年部分修正

中里
谷戸前
中目黒
田道
裏
大塚
小瀧
日本獣医学校
下目黒
大鳥前
上耕地
千代ケ崎
久保
岩永邸
坂下
太鼓橋
行人坂
原
黒
町
西
下町
海福寺
羅漢寺
不動堂
競馬場
上町
谷戸
比翼塚
林業試験所
谷戸
窪
不動前
攻玉社
火葬場
碑
後地

年史』(四六ページ)に掲載された渋沢の『青淵回顧録』(昭和二年刊)からその一部を引用(掲載文は新字・新仮名遣い)してみよう。

都会の最も発達している英国などにおいては、かなり前から都会生活の中に自然をとり入れることについて苦心しているが、年々人口の増加する大都市に自然をとり入れることはむずかしい。そこで二〇年ばかり前から、英米では『田園都市』というものが発達してきている。この田園都市というのは簡単にいえば自然を多分にとり入れた都会のことであって、農村と都会とを折衷したような田園趣味の豊かな街をいうのである。

私は、東京が非常な勢いで膨張していくのを見るにつけても、わが国にも田園都市のようなものを造って、都会生活の欠陥を幾分でも補うようにしたいものだと考えていた。

私鉄沿線の近郊宅地開発

日本におけるまとまった規模の郊外宅地開発はおおむね大正時代に本格化するが、私鉄経営のビジネスモデルを確立させた小林一三率いる阪急は、その前身・箕面有馬電気軌道の時代の明治四二年(一九〇九)から大阪北郊の池田、豊中、桜井の順で計一平方キロの宅地を造成している。これを翌年の鉄道(軌道)の開通と同時に売り出したのが、鉄道会社による沿線宅地開発の最初期の例である。次の図2に見える桜井駅の北東側がその分譲地だ。

街道に面して古くからの家並みの見える半町《はんじょ》と対照的に、斜線のかかった園囿《えんゆう》記号(現在では「樹

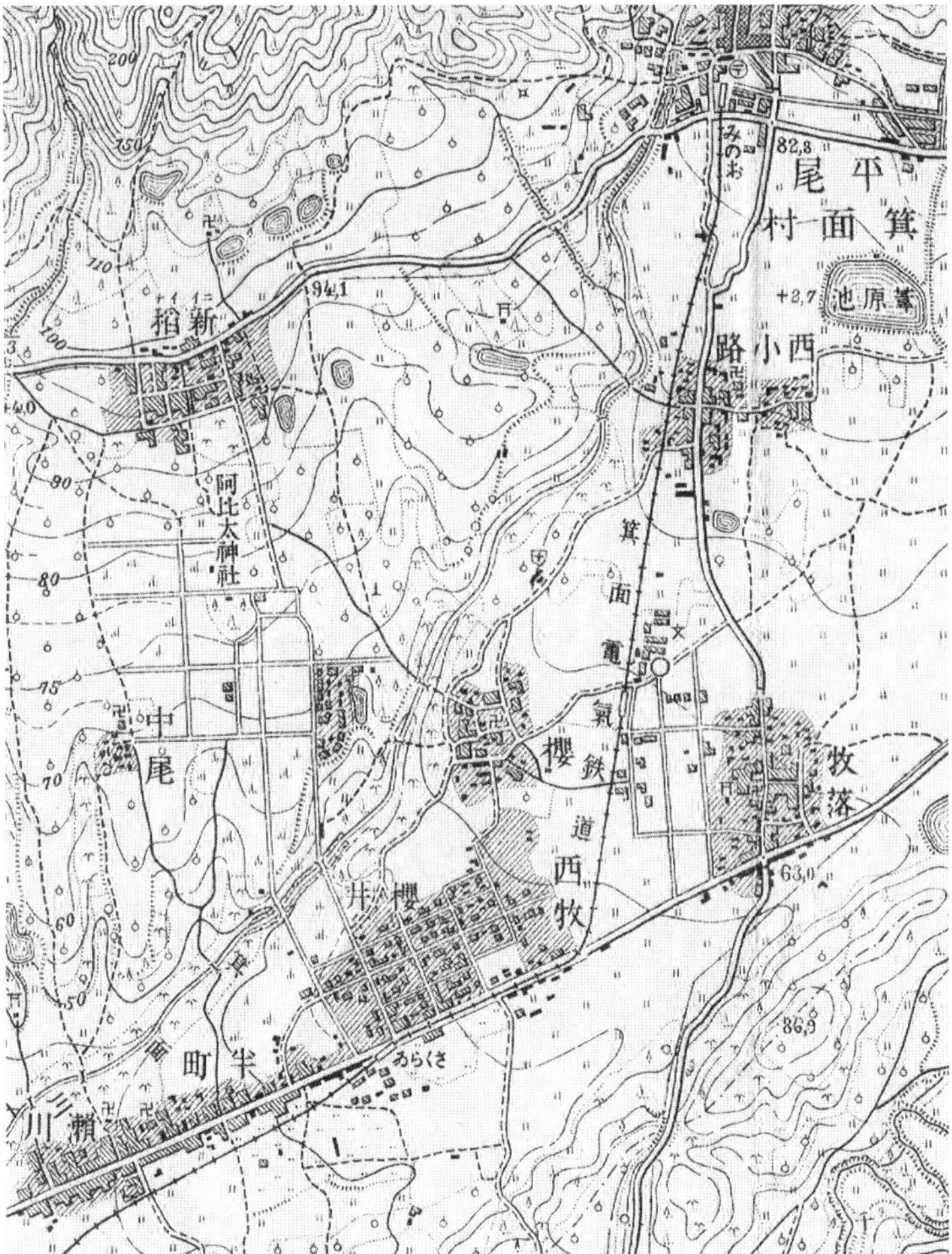

図２　私鉄の郊外住宅開発の嚆矢・箕面有馬電気軌道（現阪急）の桜井住宅。1:25,000「伊丹」大正 12 年（1923）測図　× 1.3

木に囲まれた居住地）の敷地の中にゆったりと邸宅が並んでいる様子が窺える。桜井駅以東が路面電車の表現となっているが、現在の阪急箕面線はその南側を専用軌道で走っている。当時の箕面有馬電気軌道はあくまで軌道条例に基づく敷設だったため、区間によっては道路を走ることもあった。

東京では、東京信託が玉川電気鉄道の新町停留場（昭和七年に桜新町と改称。ちなみに戦後の新町停留場は図の当時は弦巻《つるまき》停留場）の南側に二三ヘクタールの新町分譲地を大正二年（一九一三）に売り出したのが最初とされる。これが図3で、電車の走る旧大山街道から南へ五〇〇メートルほど入ったあたりから、別荘地を思わせる余裕ある間隔で邸宅が建っている。宅地といっても当時では相当

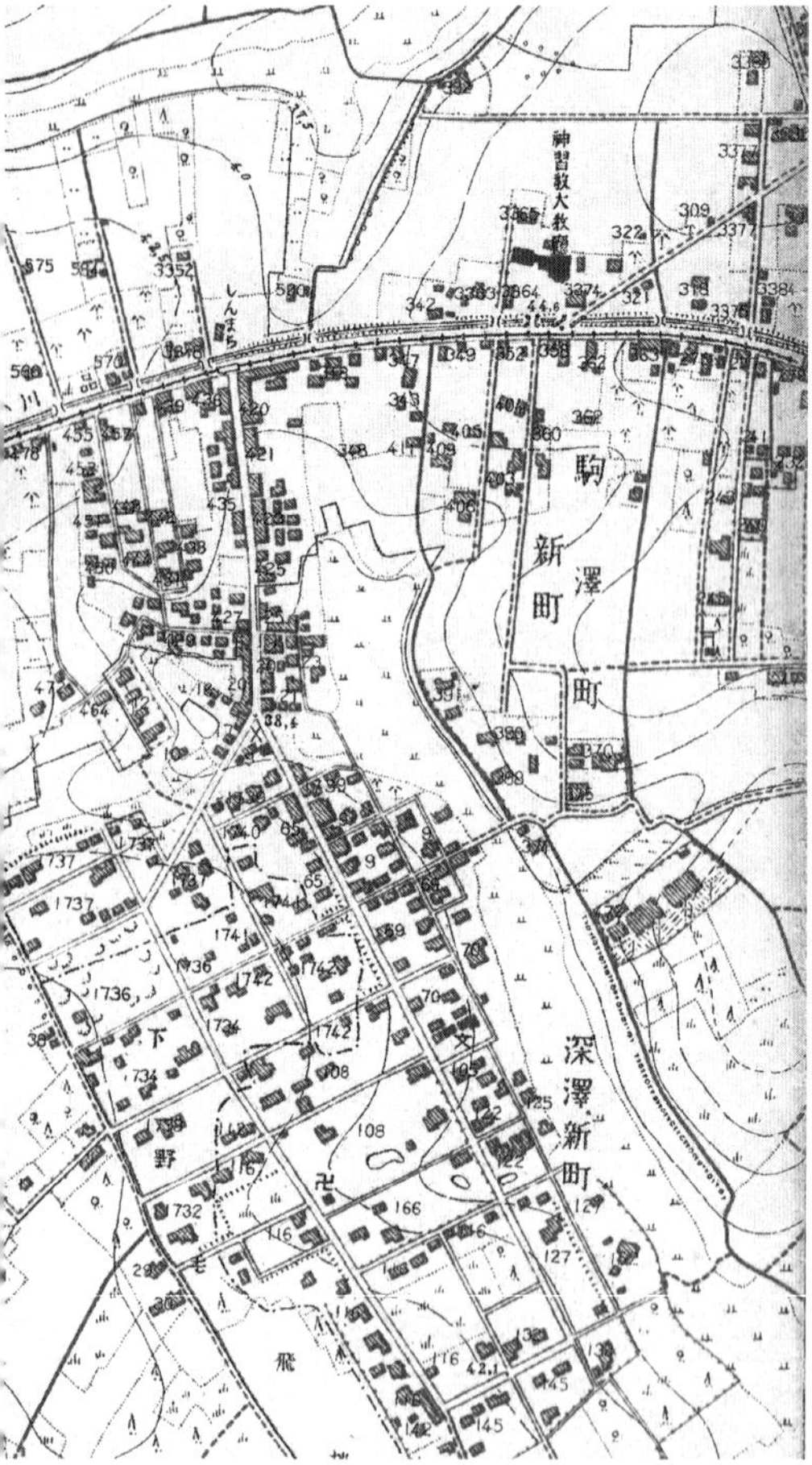

図３　新町に出現した東京最初の大規模郊外住宅地。現在の桜新町一丁目および深沢七・八丁目にあたる。1:10,000「二子」昭和４年（1929）測図　× 0.9

な高収入の階層が販売対象であったのだろう。

　第一次世界大戦（大正三〜七年）が総力戦の様相を呈していくにつれて、欧州の諸産業は軍事に集中されるようになる。そのような状況の中で日本からの工業製品の輸出は爆発的に増加した。日本の経済は活性化し、産業の近代化はサラリーマン階層の増加を促し、郊外の宅地開発は大いに進展することになったのである。

　公害対策も満足になかった当時の工業の急発展の状況では大都市部の環境悪化はかなり深刻なもので、現在注目されているPM2・5（微小粒子状物質）の量も、おそらく大正期の東京・大阪では相当に多かったのではないだろうか。大阪で郊外住宅地が東京に先んじて発展したのも、箕面有馬電気軌道の先見性もさることながら、「東洋のマンチェスター」と呼ばれた大阪の大気汚染の深刻さが影響を及ぼしているに違いない。

　『東京急行電鉄五〇年史』には田園都市株式会社の設立趣意書の大要が載っている（適宜ルビを補い、改行した）。

　今や吾人が経営せんとしつつある田園都市会社の如きもまた此事業の一分科にして、要は黄塵万丈たる帝都の巷《ちまた》に棲息して生計上、衛生上、風紀上の各方面より圧迫を蒙りつつある中流階級の人士を空気清澄なる郊外の域に移して以って健康を保全し、且つ諸般の設備を整えて生活上の便利を得せしめんとするにあり。田園都市の目的実に斯くの如し。而《しこう》して吾人は東京市の実状に鑑みて其の必要に迫れるを覚り、地を東京府下《ふか》荏原郡玉川村及洗足池付近に相し、地積四二万坪を撰定し、株式会社を組織して以てこれが経営を為さんとす。

右の予定地は品川・大崎・目黒附近における都市境界線を去ること西南約二〇町乃至一里余の中に在りて、土地高燥地味肥沃近く多摩川の清流を俯瞰し、遠く富岳の秀容と武相遠近の邱岳を眺望し、風光の明媚なる宛然一幅の活画図なり。且つ其附近には歴史的の名所旧蹟各所に散在して、遊覧行楽の境亦《また》従って鮮《すく》なからず、田園都市建設地として洵《まこと》に無二の好適地なりとす。（以下略）

目黒蒲田電鉄の開業

その田園都市の足となる鉄道が目黒蒲田電鉄で、田園都市株式会社の鉄道部門が独立した。電鉄の発足当初から専務取締役として活躍したのが、元鉄道省官僚の五島慶太である。彼はその後この鉄道会社を大いに発展させて大東急を立ち上げていくことになるのだが、そちらの話は東急を語る本には十分に描かれているので、本書では省く。

目黒蒲田電鉄の最初の開通区間である目黒～丸子（現沼部）間の線路が間もなく竣工を迎えるにあたって、鉄道省が次のような竣功監査報告を残している。監査日は大正一二年（一九二三）三月一一日の開業日の直前にあたる三月六日と七日。技師の弓気田弘、技手の村田末松・野元秀隆が担当した。

目黒丸子間線路布設工事竣功監査報告（三月六日　三月七日監査）

竣功線路ハ東京府荏原郡大崎町目黒起点零哩零鎖ニ於ケル目黒停車場ヨリ、東京府荏原郡調布村目黒起点五哩拾五鎖ニ於ケル丸子停車場ニ至ル延長五哩十五鎖ニシテ、地勢ハ起伏多キモ工事ハ概ネ難カラズ。本区間線路ハ大体竣功ヲ告ゲ、車輛電気其他ノ運転設備モ概ネ完成セリ。右線路及工事ノ概要ハ別紙、工事方法概要書及諸表ノ如シ。

右記各項ノ施設ハ未ダ整備スルニ至ラザルモ、運輸開始ニ支障ナキヲ以テ引続キ遅滞ナク竣功セシムルヲ要ス（答申書添付）。

電動客車ヲ所定最大速度ヲ以テ本区間ヲ走行セシメタルニ、線路車輛及電気設備トモ異状ナク運転安全ナリ。依テ使用開始ノ件支障ナシト認ム。

未完成事項

一、洗足駅渡線用「レピーター」（出発反応標識＝引用者注）工事ヲ完成スルコト（三月十八日マデ）

二、便所、詰所ノ未竣功ヲ完成スルコト（三月三十一日マデ）

三、（略）

これに「工事方法概要」が続くが、「工事方法」とは必ずしも一般の字義通りではなく、どのような規格で建設するかを細かく書き上げたものだ。だから、ある区間で曲線改良やプラットホームの延伸などをする場合は「工事方法変更許可申請」を行なう必要がある。目黒蒲田電鉄の開業時の工事方法は次の通り。このような規程はあまり目に触れることがないので、この機会にカッコ内で用語を補足しつつ全部挙げてみた。

〈工事方法概要〉

軌間　三呎六吋（三フィート六インチ＝一、〇六七ミリメートル）

軌道ノ間隔　十一呎（一一フィート＝約三・三五メートル）

最小曲線　八鎖（八チェーン＝約一六〇・九メートル）

最急勾配　二十五分ノ一（一、〇〇〇÷二五＝四〇パーミル）

施工基面ノ幅　築堤二十四呎　切取二十四呎　側溝ヲ除ク（二四フィート＝約七・三二メートル）

＊施工基面とは砂利を敷く前の路盤。「駅の高さ」などはふつうこの高さを指す。

軌条ノ重量　一碼《ヤード》ニ付　六拾封度《ポンド》（一ヤードにつき六〇ポンド、約三〇キログラムレール）

枕木敷設間隔　最大二呎四吋（約七一・一センチメートル）

道床ノ撒布量　平均一哩ニ付　二百立坪（単線分）（一マイル＝約一・六〇九キロメートルにつき二〇〇立方坪＝一二〇二・六立米、つまり一キロメートルあたり約七四七・三立米）

轍叉《てっさ》ノ番号　六番及八番（ポイントの番数。現在では六番とはポイントの股の内側のレール＝轍叉が一メートル開くのに要する本線上の距離が六メートルであることを示すが、当時はマイル・ヤード・フィートが用いられていたのでヤードだったのだろうか。いずれにせよ開き方は同じである）

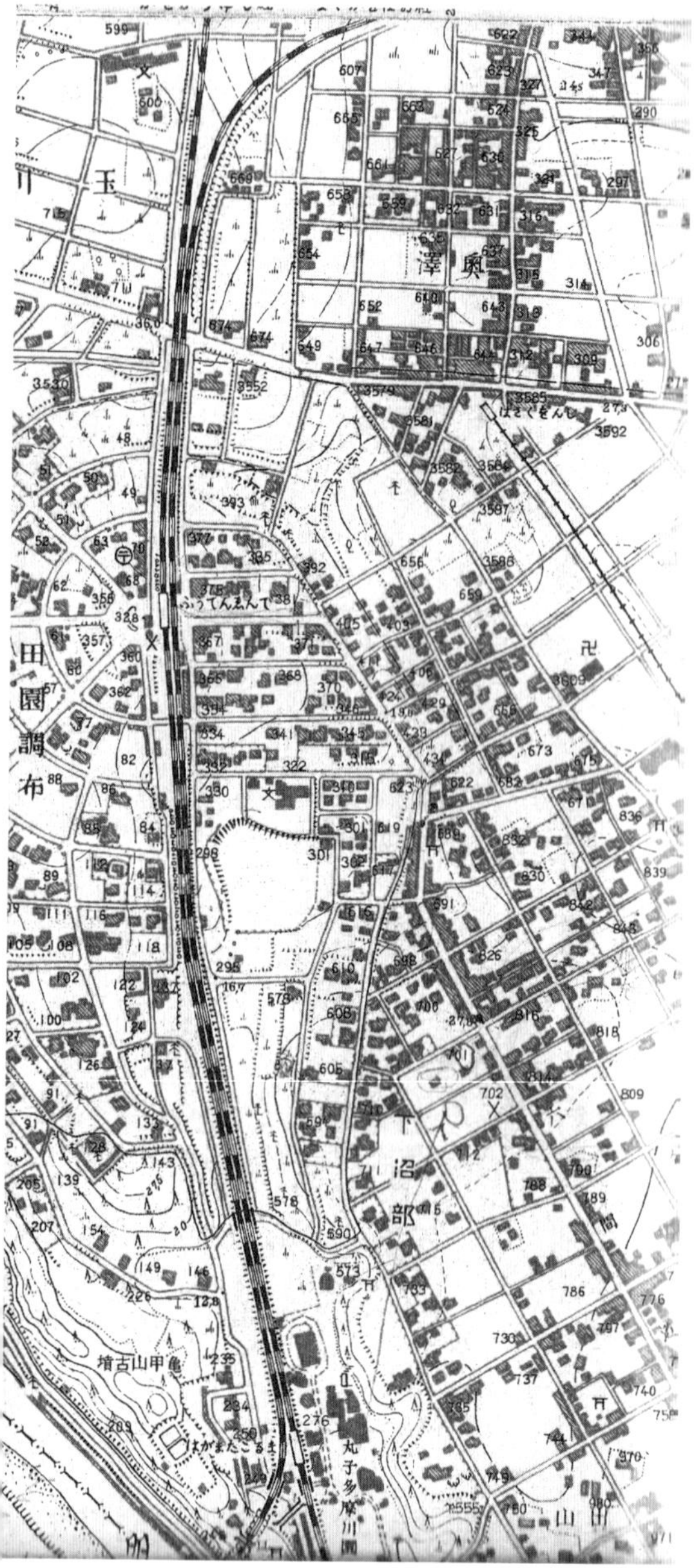

図5　田園都市の代表たる多摩川台住宅－田園調布。1:10,000「田園調布」昭和4年測図

玉川水道浄水場
尾山
上沼部
下沼部飛地
砂利用軌道
村

全長五マイル一五チェーン（約八・三五キロメートル）の開業区間に設置された駅（停車場・停留場）は目黒・目黒不動前（現不動前）・小山《こやま》（現武蔵小山）・洗足・大岡山・奥沢・調布（現田園調布）・多摩川・丸子（現沼部）の計九か所であった。ほぼ一キロ間隔の割合である。地形的には武蔵野台地の中でも淀橋台と目黒台、荏原《えばら》台、田園調布に跨がり、その間を目黒川や呑川《のみ》などの沖積地が入るため地形の起伏は意外に大きいが、建設資金はそれほど潤沢ではないので最大四〇パーミルの急勾配と最小一六一メートルの急カーブを交えてなるべく安価に建設された。また最大の橋梁である目黒川橋梁（約三四メートル）など、橋桁こそ鋼鈑桁《こうばんげた》（鋼製ガーダー）を使ったものの、橋台・橋脚ともに木造であった。今の常識からは考えられないほど「軽便的」な作りである。

『東京急行電鉄五〇年史』の「改良」の項（九八一ページ）でも、そのあたりの事情を「鉄道建設に当たっては事業資金の調達には苦労するのが通例であった。当社においてもこの例に洩れなかった。そこで、創業時の目黒蒲田電鉄・東京横浜電鉄は、建設費を切詰め、開業後、営業成績の向上によって改良していく方針をとった」と、目黒蒲田電鉄の路線が当初は不十分なレベルであったことを認めている。

目黒蒲田電鉄では引き続き蒲田への延伸工事にとりかかった。残すはあとわずか四・九キロである。多摩川沿いで地形も平坦。しかし順調に進むかに見えた大正一二年（一九二三）九月一日、巨大地震が南関東を襲う。蒲田へ延伸すべき新線はそれでも一一月一日に開業を迎えるが、この大震災は、会社が未来を託すべき優良郊外住宅──田園都市への支持を確固たるものとしたのである。

田園都市会社の取締役であった渋沢秀雄（渋沢栄一の四男）は震災の報を聞くや、滞在中であった軽井沢から列車で上京を試みる。荒川橋梁が落ちていたため川口町（現川口）駅からはひたすら歩き、三日後にようやく洗足の会社に到着した。会社が田園都市の中で最初となる大正一一年（一九二二）六月に分譲した、洗足地区にすでに居住している四〇軒あまりの住宅を訪ねたところ、最大の被害でも壁に亀裂が入った程度でほとんど被害はなかったという。第二回多摩川台地区（田園調布）の売り出しに際し、震災翌月の一〇月二日付の新聞に会社は次のような宣伝広告を打った（『東京急行電鉄五〇年史』六〇ページ）。目黒蒲田電鉄にとって震災は確かな追い風となったのである。

今回の激震は、田園都市の安全地帯たることを証明しました。都会の中心から田園都市へ！　それは非常口のない活動写真館から、広々とした大公園へ移転することです。すべての基本である安住の地を定めるのは今です。

人口急増する東京郊外

震災後に広まった「郊外志向」

大正一二年（一九二三）九月一日。折悪しくちょうど昼時に南関東を襲った巨大な地震により、昼餉のための火は各地で燃え広がり、都市部の密集市街地を焼き尽くす最悪の事態を引き起こした。その結果は東京市での一〇万人を超える犠牲者数である。まさに「地獄絵」を目の当たりにして逃げ延びた多くの市民にとって、安全のために郊外に住みたいという意識は切実なものだったに違いない。

東急のルーツにあたる田園都市株式会社は、もちろんこの震災を受けて会社を立ち上げたわけではなく、それ以前から大都市で働く中流勤労者の理想的な居住地としての郊外住宅地―田園都市を提唱し、それは着実に評価を得ていた。その住宅地と都心を結ぶための足として建設されたのが、田園都市の子会社・目黒蒲田電鉄（現東急目黒線・多摩川線・大井町線の前身）である。その最初の路線が開通したのは震災の半年前にあたる三月一一日、まずは目黒～丸子（現沼部）間であった。そして震災の二か月後の一一月一日には蒲田まで延伸され、全通を迎えたのである。

頻繁に走る電車線が通じれば、その土地は便利になるから住宅地が増え、住宅地が増えるとさらに電車の本数も増え、また新しい路線が建設される。急速な宅地化の波を受けた目黒蒲田電鉄の沿線にあたる平塚《ひらづか》村と碑衾《ひぶすま》村の人口急増は実に顕著であった。

このうち平塚村は明治二二年（一八八九）の町村制施行時に中延《なかのぶ》村、戸越村、小山《こやま》村、上蛇窪《かみへびくぼ》村、下蛇窪村が合併したもので、現在の品川区西部にあたる。平塚という村名は村の中心部の小字の名に由来し、東急池上線・戸越銀座駅付近の町名として現存している。平塚橋はかつて品川用水を跨いでいた中原街道の橋だ。一方碑衾村は碑文谷《ひもんや》村と衾《ふすま》村が同じく町村制施行時に合併したもので、村名は見ての通り合成地名。いずれの村も図1を見る限りでは典型的な近郊農村の風情である。

図1　大正時代の荏原郡平塚村と碑衾村、その南側に隣接する馬込村と池上村の文字も見える。1:25,000「東京西南部」大正6年測図、同8年鉄道補入　× 0.9

人口が一〇年で一五・五倍に増えた荏原町

日本で初めて国勢調査が行なわれたのは大正九年（一九二〇）のことであるが、この時に平塚村の人口は八、五二二人、碑衾村は四、一九三人であった。しかしわずか五年後の大正一四年（一九二五）には平塚村がなんと八・五倍の七二、二五六人、碑衾村は倍率こそ半分ながら四・二倍の一七、七五一人に急増している。高度成長期でもよほど特殊な例を除けばあり得ない数字だろう。

平塚村は大正一五年（一九二六）四月一日に遅まきながら町制施行して平塚町となったが、神奈川県の平塚町（現平塚市）と混同しがちだったようで、これを避けるため翌昭和二年七月一日には郡名を採用して荏原町と改称している。その後も人口急増の勢いは止まらず、第三回国勢調査が行なわれた昭和五年（一九三〇）には荏原町の人口は一〇万人を軽く突破し、一〇年前の一五・五倍にあたる一三二、一〇八人に達した。これだけの人口を擁しながら市にならなかったのは、おそらく昭和七年に東京市に編入されるのを見越したものだろう。それにしても一三万人超の人口を擁した「町」など、おそらく現在に至るまで他に存在したことはないだろう。東京市に編入された八二町村の中ではもちろん当時最大の人口であった。碑衾町も昭和五年には四〇、九七二人に達している。

図2は急速に都市化が進みつつあった昭和四年（一九二九）の修正版である。図1で多くを占めていた畑（記号のない白い部分の大半）には区画整理が施され、道路網が慌ただしく整備された様子が窺える。この時期には、後に東京市に編入される町村で耕地整理（実質的には区画整理）が盛んに行なわれていた。

東京の南西部では、特に徹底していたのが田園調布に隣接した玉川村（現世田谷区南部）である。

ここでは「玉川全円耕地整理組合」が設立され、村長・豊田正治が組合長となって一、〇七一ヘクタールの、宅地化を見据えた耕地整理を行なっている。震災後は村内でも盛んに土地売買が行なわれ始めていたが、宅地として未整理を理由に安く買いたたかれる傾向を憂えての壮大な先行投資である。図中左ページの右端には「荏原町」の自治体名の左側に同潤会住宅が見えるが、これは関東大震災への義捐金を基金として発足した同潤会が東京市内外にいくつも建設した住宅地のひとつで、丸い形の街路が特徴的だ。

　東京市が周辺町村を編入して三五区体制となったのを機に東京市役所がまとめた『大東京概観』では、「新区勢概況」として荏原区を次のように紹介している。

　新編入八十二ヶ町村中、本町程過去十年間に人口の増加した処はない。大正九年僅々八千五百人であつたのが昭和五年には一躍十三万二千人を越へ、正に十三倍《ママ》強と云ふ実に幾何級数的激増である。目黒町と共に古くから筍の名産地として知られ、何等地勢上特色があるのではなく、只土地が概して平坦で居を構ふるに適してゐるだけである。本町が如何にして斯くの如き人口増加を見たかといふに大正十二年目蒲電鉄が敷設されて市内との交通が至便となり、且つ大震災による市内の住宅の欠乏及其の後に於ける市内住宅の不足と相俟つて、移住者の激増を見るに至つたものと考へられる。尚大正六年以来実施された耕地整理と、近郊町村に於ける都市計画道路の敷設に依る小商人の逃避も移住者激増の一因をなし、人口増加に与《あずか》つて力があつた（後略）。

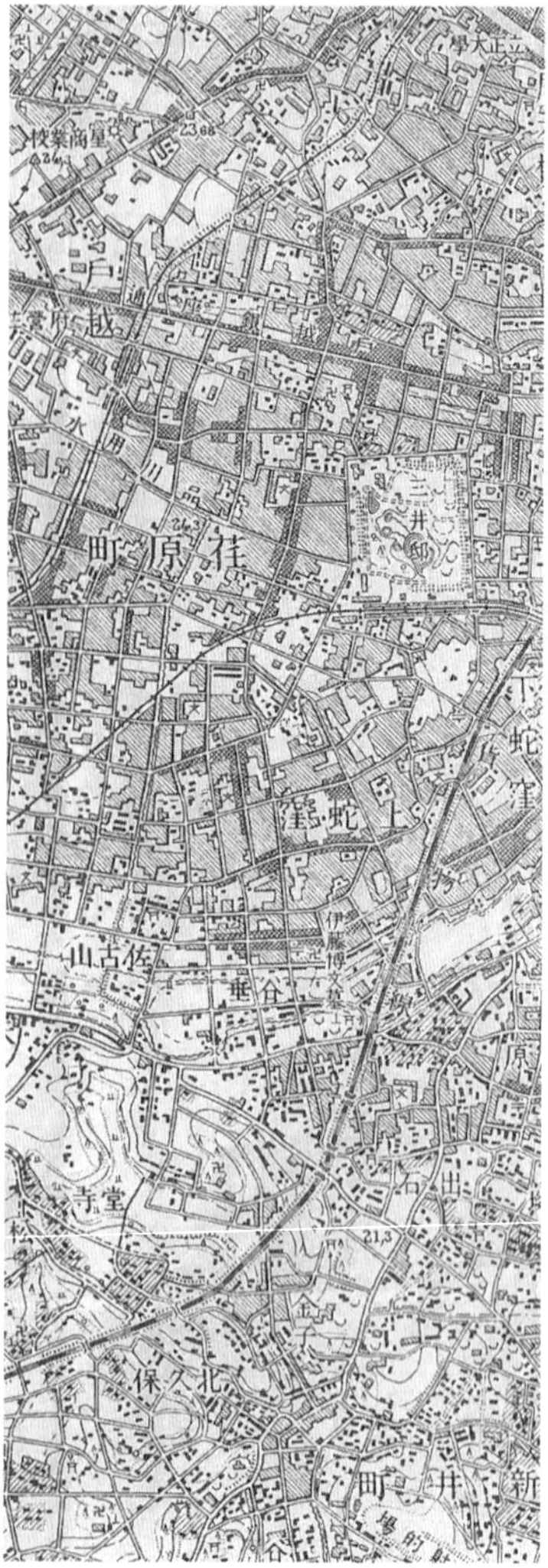

図２　人口急増中の荏原町・碑衾町付近。1:25,000「東京西南部」昭和４年修正　× 0.9

柿木坂
碑衾町
上臺
碑文谷
向原
清水窪
大岡山
工業大學
洗足池
勝海舟墓
出穂山
石川
長原
昭和医専
立正女校
山野
小池
雪ケ谷
日下山
諏訪分
池上
馬込町
宮下向臺

こんな状況なので当然ながら電車の乗客も激増している。大正一四年（一九二五）六月二二日付で目黒蒲田電鉄は鉄道大臣に武蔵小山駅の地下道新設を次の通り申請した。同年一一月二〇日にはさらに出札所（切符売場）の増築も届け出ている。まさに沿線人口の急増に従来の施設の対応能力が追い付かず、急遽あちこちで設備を増強していた様子が窺える。

武蔵小山駅地下道新設認可申請書

武蔵小山停車場開設以来、附近発展ニ伴ヒ日ニ増シ乗降客激増シ、現在ノ線路横断乗降ニテハ運転上危険ニシテ、而《しか》モ下リ電車発車迄踏切閉塞ノ為メ乗降客ノ待避時間ヲ永クシ、従ツテ乗降客ノ迷惑ナルハ勿論、混雑甚シキヲ以テ、別紙図面ノ通リ地下道ヲ新設シ、乗降客ノ混雑緩和並ニ危険防止ヲ図リ度候間、特別ノ御詮議ヲ以テ至急御《ご》許可《きょか》被成下度《なしくだされたく》、此段申請《しんせい》仕候《つかまつりそうろう》也。

大井町支線の計画変更

目黒蒲田電鉄ではこの頃、最初期に「田園都市」を分譲した洗足駅から東へ分岐して大井町に至る支線の建設も進めている。この路線の敷設免許はもともと荏原電気鉄道が取得したものを譲り受けたものであったが、あまりの都市化の急激な進行のため、路線を従前の計画より南側、つまりまだ都市化のあまり及んでいない地域に通すことにした。これにより分岐駅を洗足から大岡山に変更したのである。そのあたりの経緯が、大正一五年（一九二六）七月一〇日付の路線変更認可申請書に記されている。

洗足大井町間線路分岐点変更並ニ之ニ伴フ線路及工事方法変更認可申請書
　大正十五年四月九日監第九〇三号ヲ以テ工事竣功期限延期ノ御認可相蒙候洗足大井町線ハ別紙理由ニ依リ洗足停車場分岐ヲ大岡山停車場分岐ニ改メ、之ニ伴ヒ添付図面ノ通リ線路及工事方法変更仕度候間、特別ノ御詮議ヲ以テ至急御認可被成下度、関係図書相添此段申請仕候也（後略）。

　この路線は工事着手期限が大正一三年（一九二四）二月一六日、竣功期限が翌一四年二月一六日であったが、関東大震災の影響で予定通りに進まず、同一三年一月二四日付で電鉄から鉄道大臣に延期願を提出していたものである。この路線を建設するにあたって、経路を変更することについて次のような理由書が提出されている。以下は右の文書の続き。

　理由書
一、既認可線ハ元来大井町多摩川間ヲ本線トシテノ計画線ニシテ、其当時ハ最モ有効ナル線路ナリシモ、目黒蒲田間ヲ本線トシ完成後ノ今日ニ於テハ支線トシテノ大井線ハ営業線ニ接近シ、既認可ノ如キ経過地ヲ以テ敷設スルコトハ、洗足以北ノ旅客ニ対シテ些少ノ便宜ヲ与フルノミニシテ、寧ロ本社線利用者全般ヨリ観ルトキハ余リ効果尠《すく》ナキ線路タルハ勿論、営業線ノ旅客吸集範囲ヲ奪ハルルノ恐アルヲ以テ之カ敷設ノ不得策ナルヲ認メ、可成営業線ニ遠サカリタル変更線路ヲ選定シタルモノナリ。

二、洗足停車場付近ハ田園都市区域ノ中心ニ属シ、高級住宅稠密セルヲ以テ移転拡張ニ甚《はなはだ》困難ナルカ為、之カ容易ナル大岡山停車場分岐ニ変更シタルモノナリ。

三、既認可線沿道平塚町地内ノ大部分ハ、弊社目黒蒲田間線路開通シタルト大正十二年ノ大震災ノ影響ヲ蒙リタルトニ依リ非常ナル発展ヲ来シ、家屋ノ移転数多キヲ以テ之カ移転買収ニ困難ナリ。従テ多額ノ建設費ヲ要ス。然ルニ変更線路沿道ハ交通機関ニ遠サカリ居ル為、発展ノ程度既認可線沿道ニ比シ遙ニ劣レルヲ以テ家屋移転数少ク且ツ買収容易ニシテ建設費モ小ナリ。

四、分岐点並ニ線路及之ニ伴フ工事方法変更ハ、地元町村ノ希望ト今回工事実施ニ際シ詳細調査ノ結果ナリ。

路線変更への反対陳情

市街化が急速に進行してしまったため土地買収コストが予定より増大すること、加えて本線（現目黒線）の近くを通ることで自社の既存駅の勢力圏を侵してしまう問題点を指摘している。既存駅とは具体的には武蔵小山駅を指しているのだろう。

これに対して「従来の計画通りにしてくれ」という意見が、地元・馬込町の住民から大正一五年（一九二六）六月五日付で次のような陳情書として提出された。馬込村三八五二番地の岸田荘左衛門を筆頭に計一〇人の連名で、他に一四二名の署名が添付されている。ちなみに荏原郡馬込村は明治町村制時に単独で村制施行したため大字《おおあざ》が存在せず、このため村の後にすぐ地番が来る。代表者の住所は大岡山駅の北東、現在の清水窪小学校の付近にあたる（現北千東一丁目）。

目黒蒲田電鉄株式会社ハ曩《さき》ニ幹線洗足停留所《ママ》ヨリ平塚村経由大井町ニ至ル岐線布設ヲ発表シ居リシニ拘ハラズ、今回岐線布設地籍ヲ変更シ、会社幹線大岡山停留所ヨリ馬込村地籍経由大井町ニ至ル岐線布設ノ測量中ナル該線ガ実現ノ暁ハ、大岡山停留所ヨリ布設線ニ該当スル馬込村地籍小字清水窪、狢窪、石原等（別紙図面測量該当赤線）地籍居住者及土地所有者其他、附近一円ニ及ボス迷惑損害甚シキヲ以テ、左ノ事実ニ因リ陳情候也。

一、土地所有者ハ東京市外郡部ノ発展ニ伴ヒ、会社ガ発表シタル洗足停留所ヨリ大井町ニ至ル岐線布設ヲ当込《あてこ》ミ、耕地ノ区画整理ニ多大ノ犠牲ヲ払ヒ、村ハ多大ノ工費ヲ投ジタリ。然ルニ俄然該会社ガ大岡山岐線ヲ布設スルニ於テハ該区画整理地域ヲ縦断セラレ、故ニ住宅地トシテノ該地籍ハ布設地ヲ削《そ》ガレルノミナラズ、徒ラニ疾駆ノ電車系統線地帯ト化スルガ為メ、附近住宅地ノ一帯ハ喧噪ヲ極メ偉大ナル疲弊ヲ来シ、遂ニ住宅地トシテ発展ノ余地ナキニ至ルヲ以テ、村治上重大問題ナリトス。

急発展を始めた首都近郊にあって、今後の都市化を見据えて大々的に耕地整理が行なわれた馬込村。浅い谷が刻まれて緩やかに起伏する地形には、つい最近まで台地上には畑、谷戸には田んぼ、斜面には雑木林といった典型的な農村風景が広がっていたが、耕地整理により直線的に区画された街路網が縦横に横切る都市的景観へと変化していく最中である。村の地主たちは村の将来を思い、耕地整理に伴って自らの土地を削られる「減歩」に耐えつつ協力してきた。

しかし電鉄会社の突然の路線変更方針により、整然たる区画にもう一本の鉄道線路が割って入ろうとしている。これは我慢できない。「徒ニ疾駆ノ電車系統線地帯」という表現は、静かな田園都市になるはずだったこの地域が、予期せぬもう一本の線路の登場により、一帯を電車が縦横に走る騒々しい環境に一変させてしまう、そんなことは想像するだに辛い、という気持ちがよく伝わってくる。

二、移住者ハ該会社幹線ニ便利を執《と》リ、岐線布設ハ洗足停留所ヨリ大井町ニ至ル、即チ会社ガ発表セル岐線ヲ信ジ、全ク野趣閑雅ニ富ム無障碍ノ地ヲ以テ移住シタルニ、会社ハ今回、以前ニ発表セル洗足岐線建設ヲ変更シ、大岡山布設岐線トナスニ於テハ、之ニ該当スル移住差ハ家ヲ奪ハレ土地ヲ奪ハレ、附近住民ハ移住ノ目的ヲ破壊セラレ迷惑損害限リナキナリ。

三、大岡山岐線布設沿道ニ赤松小学校（馬込村尋常小学校）アリ。布設線ニ近接シ、通学児童ニ危険ヲ及ボスコト甚大ナリ。又授業上多大ナル障害ヲ来ス虞《おそ》レアルナリト信ス。

喧噪の都心を逃れ、せっかく「野趣閑雅ニ富ム無障碍ノ地」を入手して移住した人にとっても切実だ。子供を通わせようとする赤松小学校の間近に電車が通れば何とも騒々しくなってしまう。授業も騒音により妨害されるのではないだろうか。この赤松小学校は今も大井町線北千束駅の目の前にある。学校のホームページによれば馬込小学校の分校として開校したのは明治一一年（一八七八）で、当時の児童数は四一名であったという。その分校が二〇〇メートル南西の旧位置から現在地に移転してきたのは大正八年（一九一九）三月末のことであるから、耕地整理が始まる少し前だろう。

右ノ次第ニ付、全ク居住者ノ期待ニ反スル死活問題ヲ惹起スルニ至ルモノニシテ、曳イテハ村治上土地発展ノ致命傷トシテ重大問題ナルガ為メ、目黒蒲田電鉄測量中ノ大岡山岐線布設ヲ排シ、会社ガ前ニ発表セル洗足停留所岐線布設《ふせつ》被成下様《なしくださるよう》御詮議相成度居住者及土地所有者連署ヲ以テ及陳情嘆願候也。

しかし従前の計画通りを切々と訴えた陳情も空しく、目黒蒲田電鉄には大岡山から分岐する新ルートの認可が与えられて敷設工事を開始、改元した翌年の昭和二年（一九二七）七月六日に大岡山～大井町間を開業した。

東京高等工業学校（現東工大）の誘致

この地域を地形図でたどってみよう。まず図3は純農村時代。この一帯は江戸時代から荏原郡馬込村の本村から見て北西にあたる飛地で、小名《こな》（＝江戸期の小地名）の千束村と呼ばれていた。右端は人口急増前の平塚村である。

図4はその一〇年後の修正。大正一二年（一九二三）に目黒蒲田電鉄の本線が開通した二年後の状況で、大岡山と洗足の駅が見えるものの、洗足駅周辺は一面の畑で家は一軒も見えない。ただし「部分修正版」なので、取り急ぎ鉄道その他の目立った修正などを施しただけだとすれば、実際には少し家も増えていた可能性はあるが。図1で旧位置にあった赤松小学校は図2では現在地に移った（「石

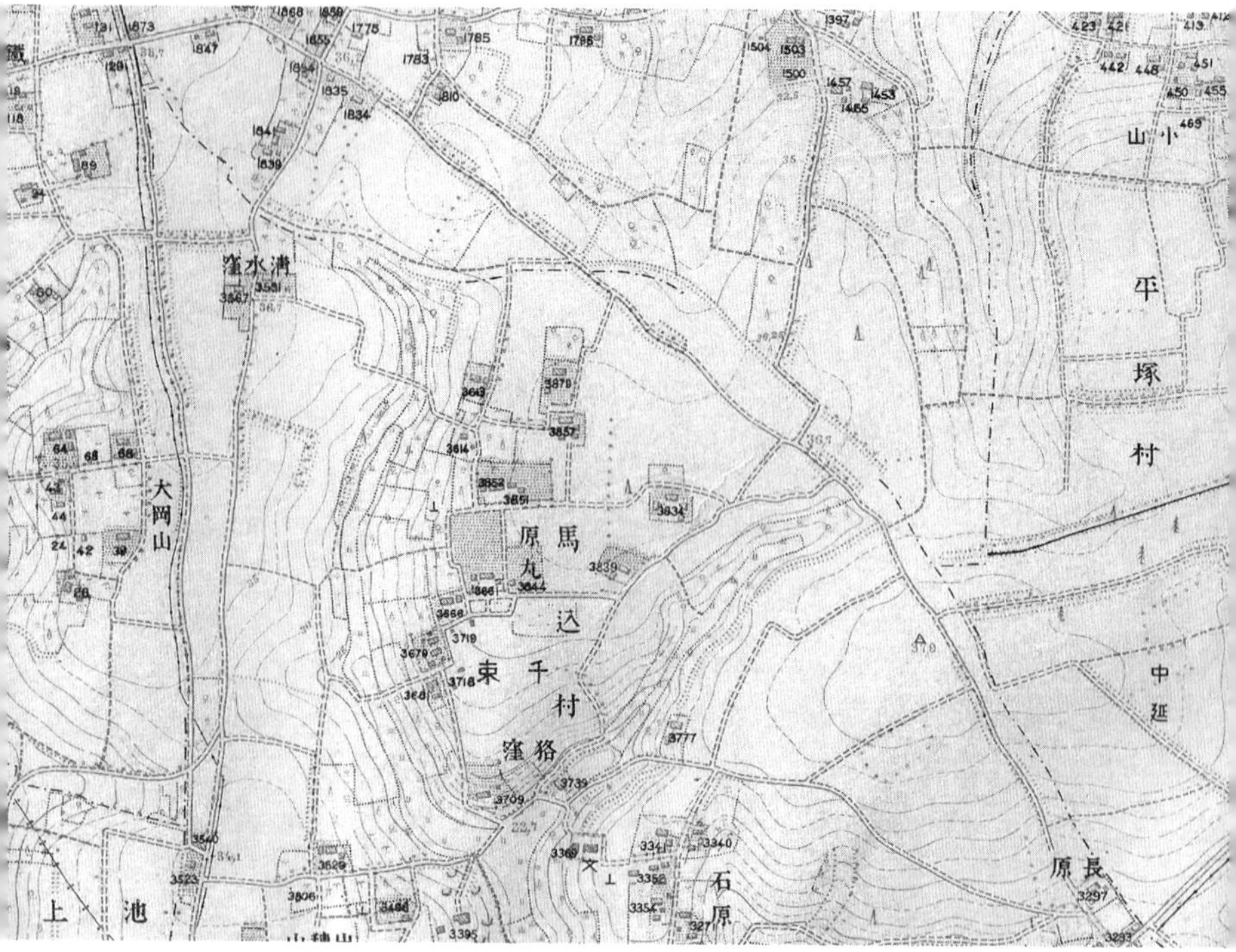

図 3　純農村であった馬込村の北西部。1:10,000「碑文谷」大正 4 年修正　× 0.8

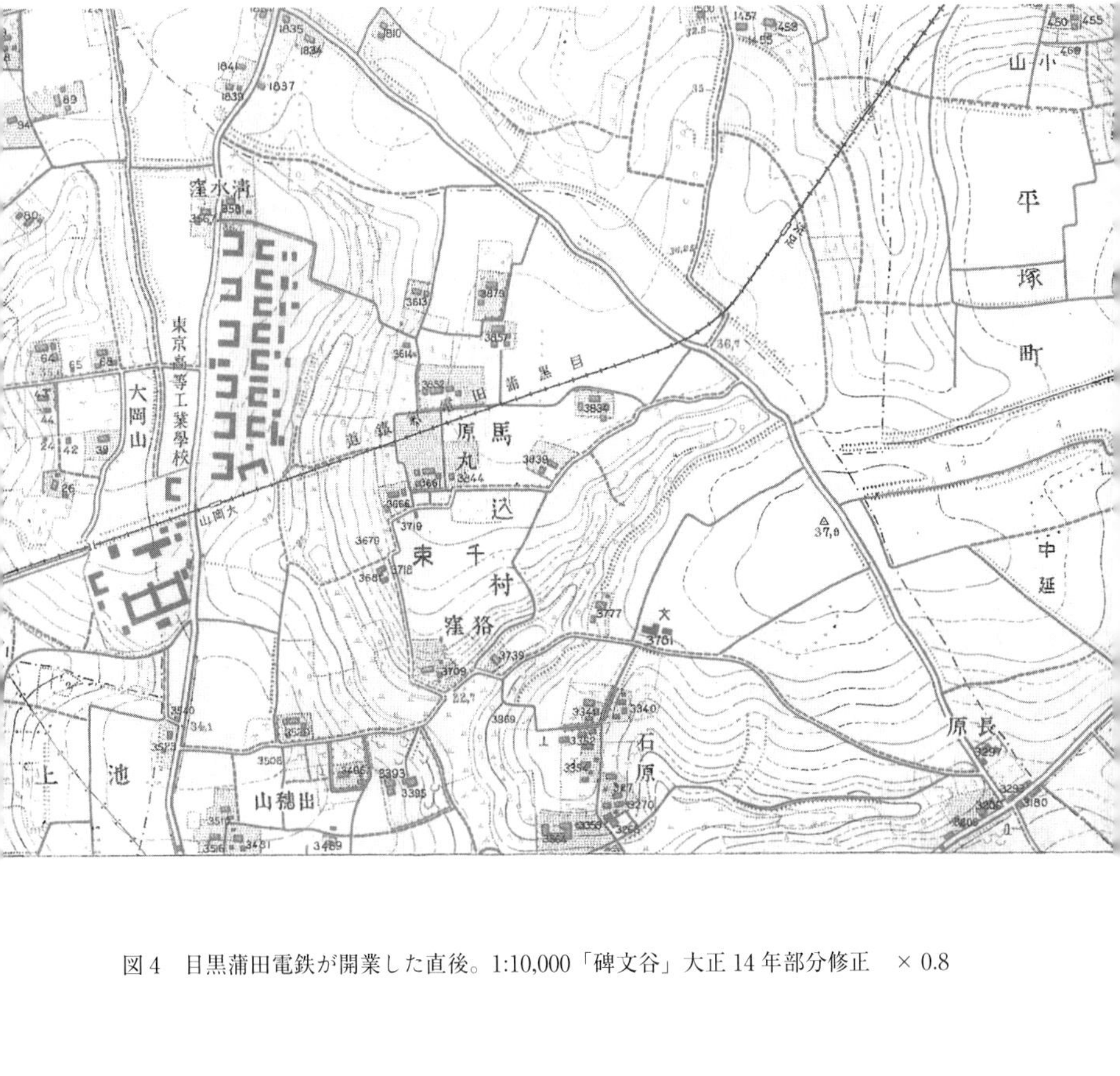

図4　目黒蒲田電鉄が開業した直後。1:10,000「碑文谷」大正14年部分修正　× 0.8

原」の地名の西側から北側へ)。

目立った変化といえば、東京工業大学の前身である東京高等工業学校が大岡山駅の南北に進出したことだろう。隅田川に面した蔵前にあった同校は大正一二年の関東大震災で大きな被害を受け、しばらくの間は他大学・学校の敷地を転々としながら授業を行なってきたが、翌一三年(一九二四)四月に大岡山へ移転、仮校舎を建設した。東工大のホームページには「関東大震災と大岡山キャンパスへの移転」の項に大岡山仮校舎群全景の写真(昭和三年頃)が載っているが、コの字型の木造平屋校舎の形状とその配置は、図4と完全に一致する。

東京高等工業学校が大岡山駅前に移転してきたのは偶然ではなく、目黒蒲田電鉄が誘致したものだ。宅地開発の中心に高等教育機関を据える方針は積極的に進められ、その後も青山師範学校(現東京学芸大学)、東京府立高等学校(後の都立大学)、慶應義塾大学(日吉)などに続くが、それらの先駆けとしてこの東京高等工業学校の誘致は特筆すべきものである。

目黒蒲田電鉄は、移転先を探していた同校のために田園都市予定地の一部三〇ヘクタールを割き、これを蔵前の旧校地四ヘクタールと交換することとした。同時期に小山(現武蔵小山)駅前に誘致した府立第八中学校(現都立小山台高校)も同時に開校したため、目黒蒲田電鉄の乗降客は激増した。『東京急行電鉄五〇年史』には「積極的な学校誘致」の中で大正一三年上期営業報告書が次のように引用されている(洋数字は漢数字に変更した)。

四月ヨリ武蔵小山駅前ニハ府立第八中学校、大岡山駅前ニハ東京高等工業学校ガ開校シ、陽春ノ遊覧客ト共ニ一層乗客ノ激増ヲ招致セリ。即チ前期ニ比シ人員ニ於テ実ニ二倍余、旅客収入ニ於テ約八割、総収入ニ於テ二倍一分ヲ増加シタリ。

その後の宅地化はここ馬込村でも急激で、大正九年（一九二〇）の第一回国勢調査時にわずか二、七二五人だったのが、目黒蒲田電鉄が開通した二年後の同一四年には一〇、四八九人、昭和三年（一九二八）には町制施行して馬込町となり、同五年には二三、〇二五人に達した。一〇年間で八・四倍であるから、荏原町の増加率には及ばないまでも、まさに激増である。

図5はその急増後の状態で、その後も住宅開発は止まらず、その余地がなくなる戦後の図6（昭和三〇年）の状態に至るまで続いた。図4の農村風景から一〇年も経たないわずかな期間で図5まで変貌を遂げたのは驚かされる。道路の区画をよく観察すると、目黒蒲田電鉄の本線沿いには並行する道路が設けてあって、耕地整理の時点ですでに鉄道の存在を前提としていたのが読み取れるのに対し、急遽計画変更により割り込んできた大井町線（南側）のルートは区画の中を突っ切る印象だ。その中にあって「馬込町」の地名の北側で、道が僅かながら線路に沿う形になっているのは、従前の区画通りに進めると交差点の直近に踏切が二か所連続してしまうから、それを統合した形だろう。太字（原本では紺色）で示された「大森区」「北千束町」「南千束町」の文字は、一五区から三五区に大拡張された東京市の新しい行政区画名である。

学校を中心に据えた田園都市を基盤として電鉄経営を発展させていく手法は、いよいよ本格的に動き始めた。

図５　東京市に編入された頃。1:10,000「碑文谷」昭和５年部分修正、同７年発行　× 1.1

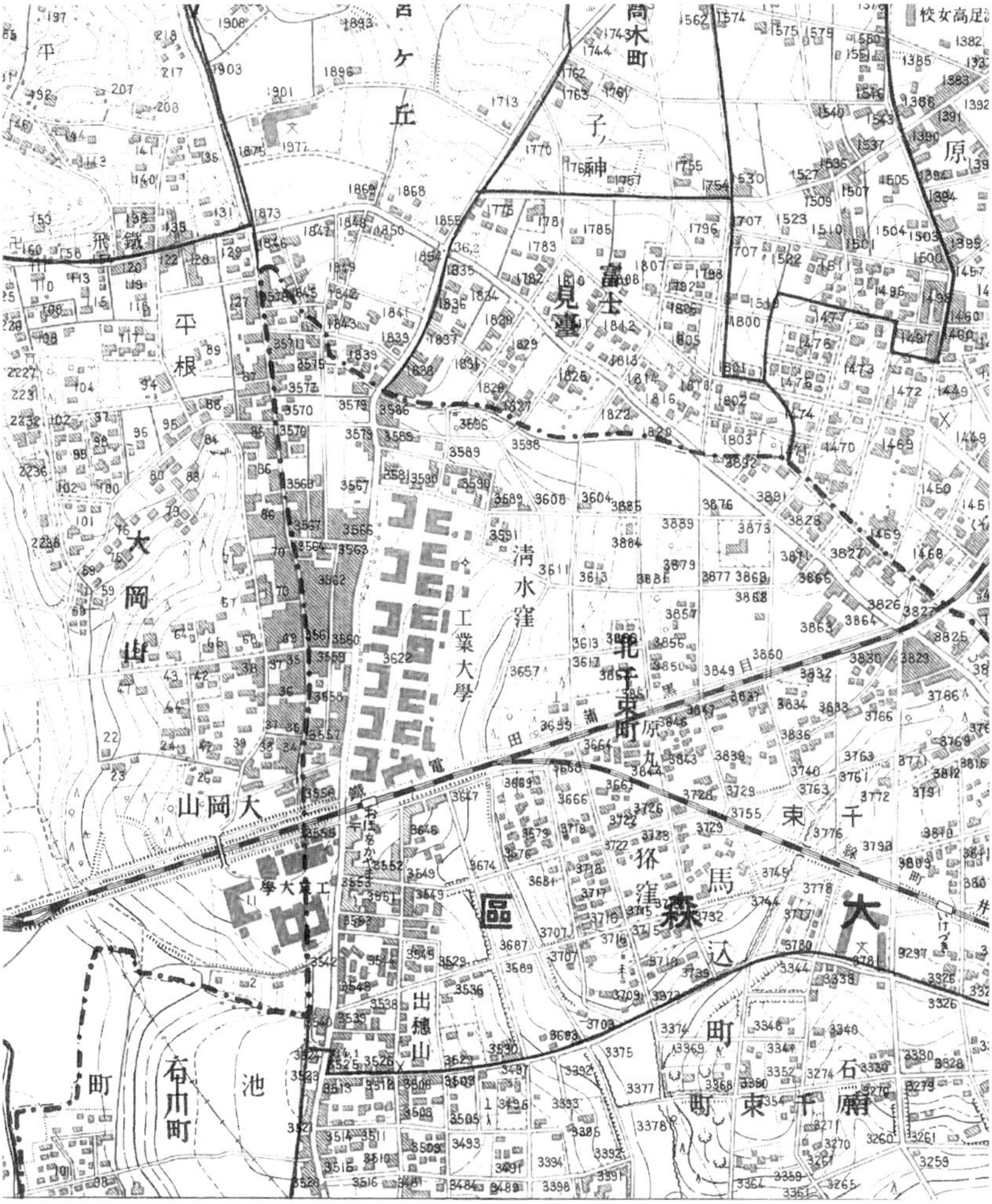

大岡山
工業大學
工大學
清水窪
富士見臺
平根
大
岡
山
北千束町
東千
馬込町
出穂山
石川町
池
町
東千束町
石
大森區

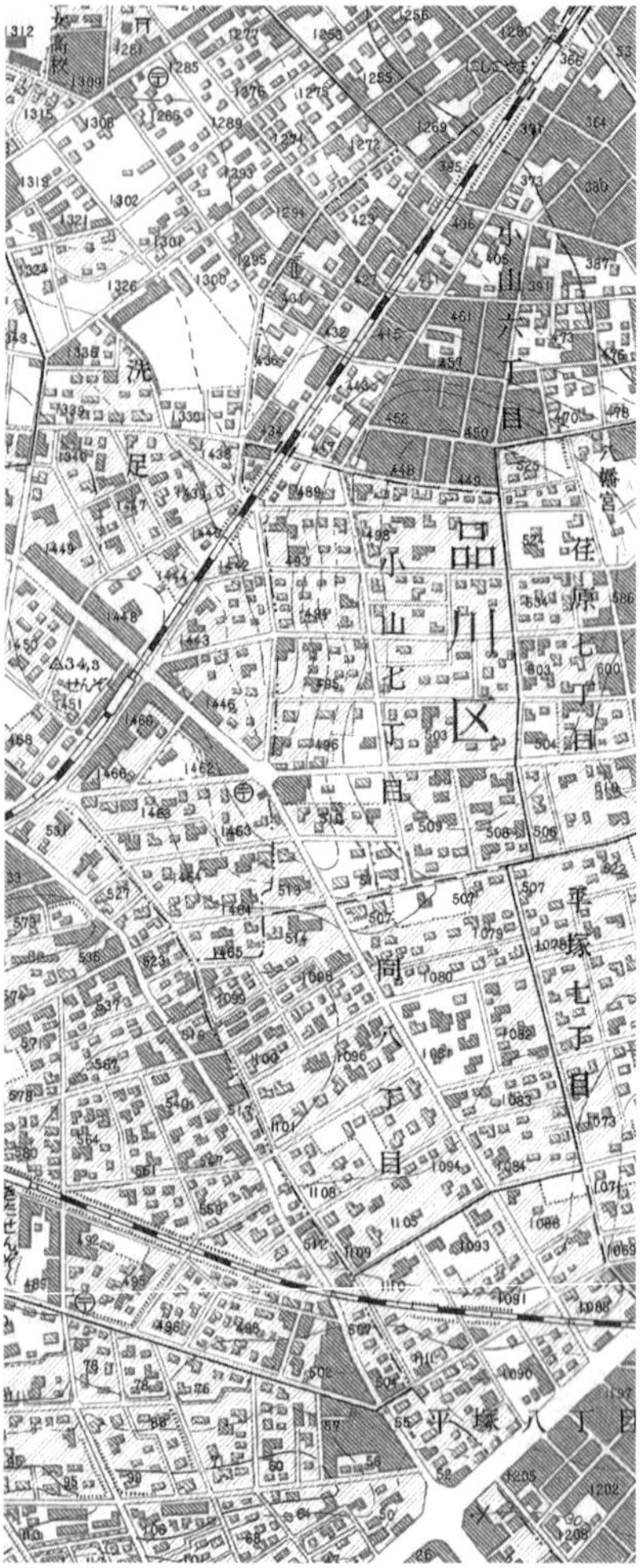

図 6　宅地化がほぼ完了した昭和 30 年。1:10,000
「碑文谷」昭和 30 年修正　× 1.1

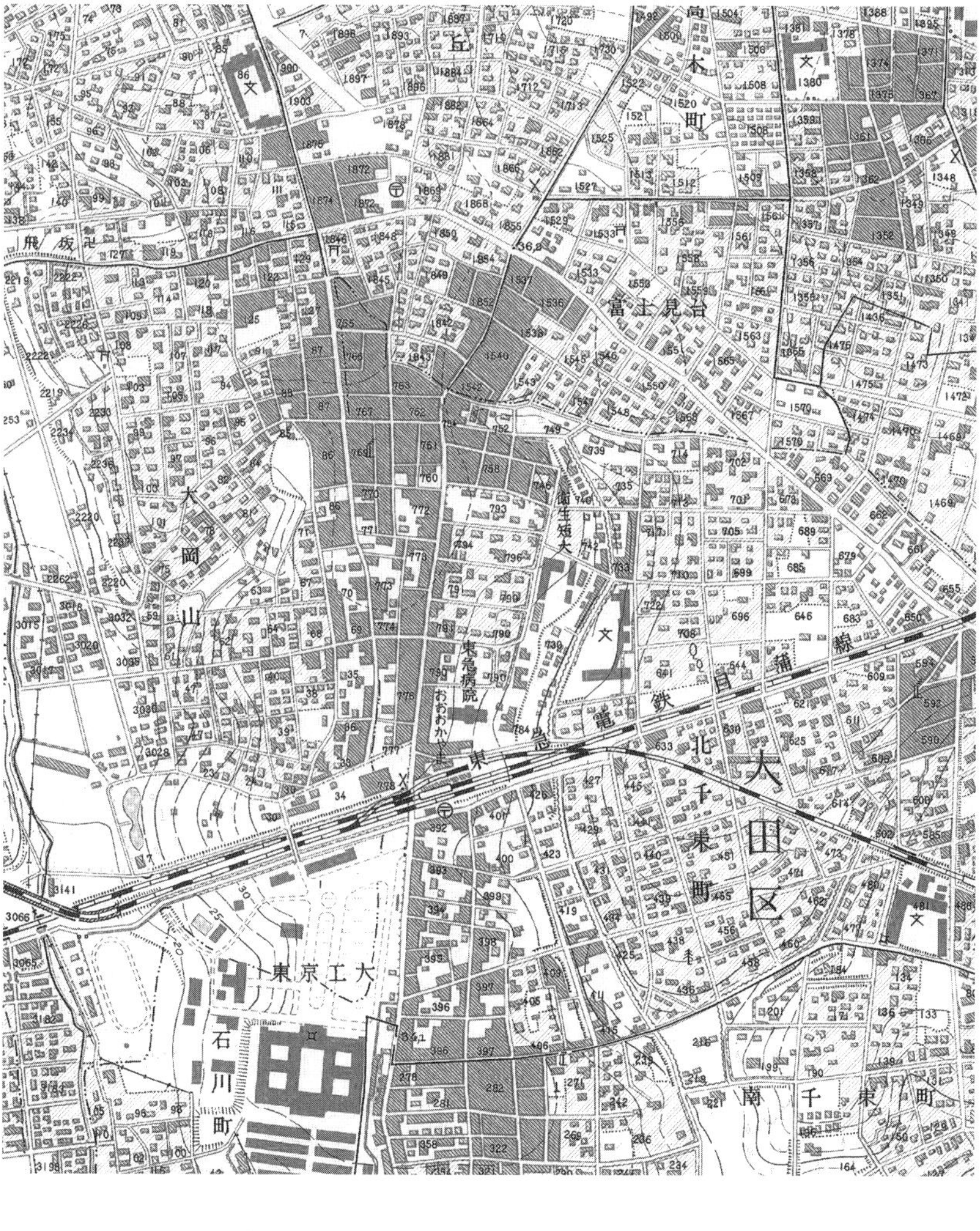
緑ヶ丘
高木町
富士見台
大岡山
東急病院
東京工大
石川町
北千束町
南千束町
大田区
衛生短大
東急目蒲線

並行線・池上電気鉄道

池上本門寺の参詣客を輸送した池上電気鉄道

旧目黒蒲田電鉄の本線は、東急目黒線の目黒〜多摩川間および多摩川線にあたる。現在ではこの二つの線は運転系統を異にするが、平成一二年（二〇〇〇）八月までは旧社名の省略形である目蒲線と称し、目黒と蒲田の間を往復していた。

その目蒲線の東側に一キロ内外の間隔をもってずっと並行する線路が東急池上線で、目黒の隣駅である五反田から蒲田を結んでいる。このように並行した線形からわかるように、池上線のルーツは目黒蒲田電鉄とは別の会社・池上電気鉄道であった。もとは東京府荏原郡大崎町（目黒駅）から同郡入新井村《いりあらい》（大森駅）に至る一〇・三キロの軽便鉄道として申請された鉄道である。ただし「軽便」で一般にイメージされる軌間二フィート六インチ（七六二ミリ）ではなく、最初から現在と同じ三フィート六インチ（一〇六七ミリ＝JR在来線と同じ）であった。

鉄道の普及を促進させるため、簡易な規格の鉄道が容易に建設できるよう明治四三年（一九一〇）

に制定されたのが軽便鉄道法であり、翌四四年の軽便鉄道補助法であった。その背景には、従来日本鉄道（東北本線・常磐線など）や山陽鉄道など私鉄が多く担っていた幹線鉄道を明治四〇年（一九〇七）までに相次いで国有化したため、国が地方線区を建設することが困難になった事情があり、そこで民間に地方線区を充実させるために行なった規制緩和策がこれである。

具体的にはある程度の急曲線や急勾配を認めたこと、また道路上への線路の敷設も場合によっては認めること、軌間の規制も緩めて七六二ミリのナローゲージも認めたため、建設費の大幅な節減が可能になったこと、また当時の私設鉄道法が課していた仮免許、本免許という二段階を経て与えられた免許手続きを一回で済ませたこと、株式会社でなくても申請できるよう資格要件を緩和したこと、運賃の最高限度の制限を撤廃したことなど思い切って規制が緩和されている。「軽便」で申請した方が文字通り簡単であるため、その後は私設鉄道法による申請がほとんど行なわれなくなったほどだ。

池上電気鉄道もその流れの中で大正元年（一九一二）に敷設免許申請が行なわれ、免許を取得したのは同三年（一九一四）四月八日である。目黒駅から南下して中延、洗足池、池上を経由して大森という「大迂回路型」の路線であった。会社の設立は免許取得から三年後の大正六年（一九一七）であるが、その間に地価の高騰や資金難があり、着工は遅れに遅れた。特に終点となるべき大森駅付近の市街化が著しく用地買収は困難で、その後池上付近から蒲田に至る支線を申請、事実上終点を蒲田に変更している。

結局は国鉄の蒲田駅から日蓮宗本門寺の下車駅・池上までの間一・八キロを最初に建設することになった。参詣客輸送の収益が手っ取り早く見込める区間である。かくして大正一〇年（一九二一）五月に池上駅予定地で起工式が行なわれた。本門寺では日蓮上人入滅にちなむ毎年一〇月一一日～一三日の三日間に同寺最大の行事であるお会式《えしき》が行なわれるが、それに間に合わせるべく昼夜兼行で工事を急ぎ、大正一一年（一九二二）のお会式の直前にあたる一〇月六日に営業を開始している。

図1は池上電気鉄道の開業年に修正された地形図である。蒲田駅からわずか一・八キロの短い軌道の記号が見えて、沿線には田んぼが目立つ。途中駅の蓮沼はそのまま風景を表現したかのような地名だ。池上駅の南側に楕円を描くのは池上競馬場の跡地で、細長い池がコースの内側に点在していたことがわかる。調べてみると明治三九年（一九〇六）～同四三年という短命に終わった競馬場で、その後は目黒に移転し、さらに昭和八年（一九三三）には現在の府中に移っている。もう少し早ければ電車の開通は競馬の観客にも便利だっただろう。

駅から本門寺の山門までは約六〇〇メートル、今もこの参道は商店街として人通りが多い。山門の横にある〇印は池上村役場で、現在この敷地は池上小学校の校舎の一部になっているようだ。東西に通る道は現在バスが通る池上通りの北側に並行する春日通りである。右上方が大森駅で、池上駅からは三キロほどの道のりだ。

地価が高騰する中、池上電気鉄道は引き続き目黒へ向かって土地買収を進めた。翌大正一二年（一九二三）五月四日には雪ヶ谷（現雪谷大塚駅付近）までを延伸開業、これを機に蒲田駅での省線（国鉄）との接続を改善するため若干の延伸も行なっている。路線延長はこれで三マイル二九チェーン（五・四一キロ）になった。

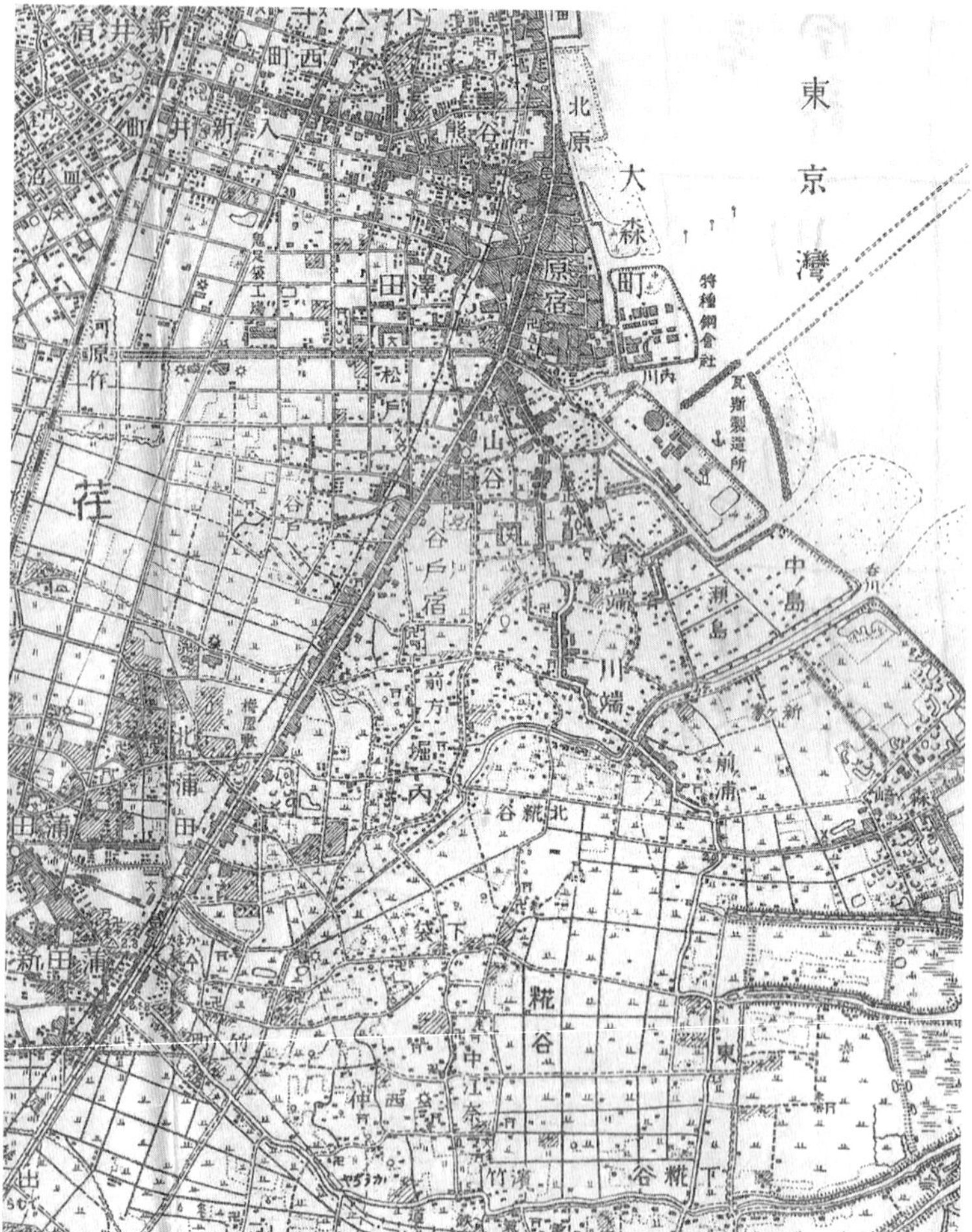
東京灣
大森町
特種鋼會社
瓦斯製造所

図1　蒲田～池上間が開業した直後の蒲田付近　1:25,000「川崎」大正 11 年修正

東京灣
八幡
仲町
不入斗
新井
入新井町
澤田
大森町
内川
山谷
本宿
呑川
堀内
北糀谷
森崎
梅屋敷
北蒲田
糀谷

図2　蒲田駅付近でライバル・目黒蒲田電鉄と並行する池上電気鉄道　1:25,000「川崎」昭和4年鉄道補入　× 0.97

次の図2は五反田まで延伸が成り、目黒蒲田電鉄が全通した後の昭和四年（一九二九）の鉄道補入版であるが、図1と比べて沿線の耕地整理（事実上の区画整理）が大規模に進み、近い将来の宅地化への準備態勢に入っていることが読み取れる。電鉄の蒲田駅の先も少し線路を延ばし、東海道本線の駅に近づけられている。ちなみに目黒蒲田電鉄の矢口（現矢口渡）駅から蒲田に至るルートは現行とは異なり、南側を迂回していた。その区間に見える本門寺道という駅は、本門寺からは一・八キロとだいぶ離れているものの、「池上電車ではなくウチの電車で行くならここが最寄りです」という意思表示だろう。参考までに図3に最新の地形図を掲げておく。

起点を目黒から五反田に変更

池上電気鉄道はさらに本線の起点である目黒に向けて延伸工事を進めていくのだが、ほどなく大正一二年（一九二三）九月一日の関東大震災に遭う。幸い、既設の線路に大きな被害はなかったものの、予定していた複線化工事は延期せざるを得なくなった。震災後の郊外の人口激増は前項で述べた通り急激なもので、ますます土地買収は困難となる。そうこうしているうちに、震災直後の一一月には並行するライバル社たる目黒蒲田電鉄が目黒〜蒲田間を全通させてしまったため、池上電気鉄道では起点位置の再検討を迫られることになったのである。

起点は結局、隣の五反田駅に変更することになるのだが、そのあたりの経緯を公文書でたどってみよう。池上電気鉄道は震災の前年にあたる大正一一年（一九二二）九月二二日付で鉄道大臣宛、次のような線路変更申請書を提出している。

図 3　現在の東急多摩川線・池上線　1:25,000「川崎」平成 20 年更新　× 0.92

当会社ハ東京府荏原郡入新井《いりあらい》村東海道省線大森駅ヨリ分岐シ同郡目黒村（正しくは大崎町＝引用者注）山ノ手省線目黒駅ニ連絡、外《ほか》ニ支線トシテ池上村字池上ヨリ東海道省線蒲田駅ニ達シ既に免許ヲ受ケタルモ、今回本線路中平塚村大字中延《なかのぶ》付近大森起点五哩四拾鎖（約八・八五キロメートル）ヨリ目黒駅ニ達スル二哩四分（約三・八六キロメートル）ヲ廃棄シ、更ニ同所ヨリ大崎町山ノ手線五反田駅ニ連絡スル線路ニ変更致度《いたしたく》候間、特別ノ御詮議ヲ以テ御認可被成下度《なしくだされたく》地方鉄道法施行規則第拾七条ノ規程ニ依リ関係書類図面相添ヘ此段申請仕候也。

申請文書にある通り、この時期には池上電気鉄道の免許申請の際に拠った軽便鉄道法はすでになく、大正八年（一九一九）に施行された地方鉄道法に引き継がれている。同法は軽便鉄道法をやや厳しくして私設鉄道法に取って代わる法律として制定されたもので、昭和六二年（一九八七）に国鉄民営化に伴って国私鉄の根拠法を統合した鉄道事業法に引き継がれるまで、六八年の長きにわたって存続した。

この線路変更申請書には次の通り理由書が添付されている。

当会社ハ設立後大正十年五月十八日起工シ、支線池上蒲田間ノ工事ハ略《ほぼ》竣工ヲ遂ケ、引続キ本線工事ノ速成ヲ期シツヽアリ。然ルニ本線目黒終点附近ニ於テ用地買収家屋移転其他ノ関係上、自然遅延ノ状態トナリシ処、過般来ヨリ目黒終点附近ニ於テ田園都市株式会社出願線（目黒蒲田電鉄本線＝引用者注）既ニ工事ニ着手シタル為、当本線ト交叉又ハ近接並行シ、両線ノ附近ニ同様ノ停車場ヲ設立スル事ハ、一般交通上繁雑ノ念ヲ起サシメ、且ツ両線互ニ不利益ト認メタルヲ以テ、今回当本線中延《なかのぶ》目黒間ヲ廃棄シ、更ニ平塚村大字中延附近ヨリ線路ヲ変更シ、終点ヲ山ノ手省線五反田駅ニ連絡セシムル所以ナリ。

ここで当局が改めて新たな路線を審査する間、延伸工事は中断するのだが、平塚村（後の荏原町）が一〇年間で一五・五倍という人口爆発に象徴される東京近郊の急激な宅地化は待ってくれない。池上電気鉄道は焦るがどうしようもない。『東京急行五〇年史』には同電鉄の大正一三年（一九二四）上期の営業報告書を以下の通り掲載している（改行は引用者）。後悔の言葉が実に生々しい。

抑《そもそ》モ郊外電車ハ、其ノ基点ヲ市ニ接続スルヲ第一ノ要素トス、然ルニ池上電車ハ敷設ノ順序ヲ誤リ、工事ノ簡単ナルヲ理由トシテ終点蒲田駅ヨリ起工シ、現在ノ線路ニ於テ資本金ノ全部ヲ費シ、最早増資スルニ非ザレバ市ニ接続スルコト能ハザル状況ニアリ。従テ市民ノ郊外生活者ハ、直接本鉄道ヲ利用スルコト能ハズ、遠ク省線ヲ迂回シテ僅カニ池上村、調布村（後の東調布町、現大田区の一部＝引用者注）方面ニ住宅地ヲ求ムルヲ得ルノミ。

斯ノ如クシテ各電車会社ガ震災ノ影響ヲ受ケ、郊外生活者ノ為メニ僥倖ニモ非常ナ大発展ヲナシツツアルニ拘ハラズ、当会社ハ其利益ヲ受クル事能ハズ、単ニ遊覧電車トシテ乗客ヲ吸収スルヲ主トスルモ、市民ハ震災後未ダ遊覧スル程ノ余裕ナク、反《かえ》ツテ乗客減少ノ傾向ニアリ。当会社ノ振ハ

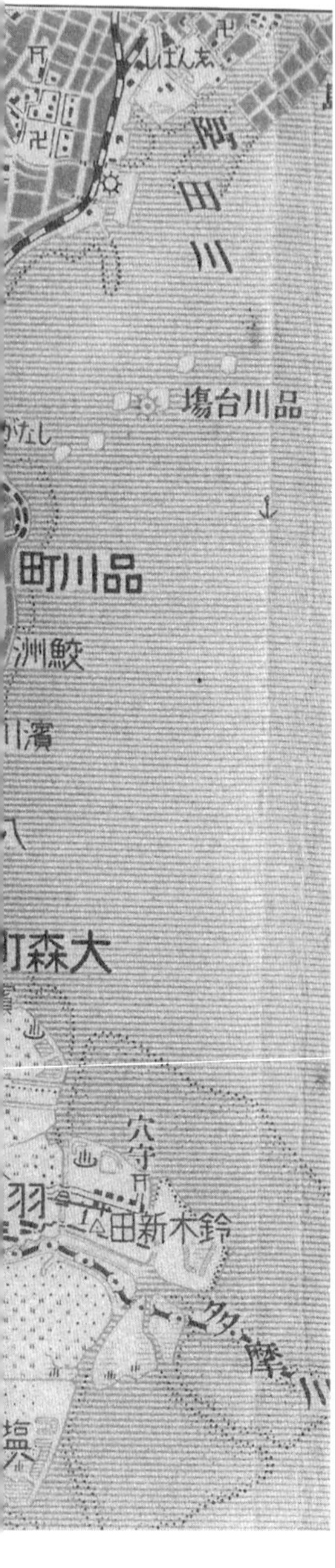

図 4　東京南西部に一気に広がった私鉄網 1:200,000 帝国図「東京」昭和 5 年鉄道補入　× 1.9

代田橋
松原
赤堤
粕谷
上北澤
松澤
廻澤
下北澤
駒場
船橋
竹
代田
上祖師
下祖師ヶ谷
經堂在家
上
君林
池尻
上目黒
澁谷町
麻布
芝
世田谷町
三軒茶屋
目
弦巻
上馬引澤
下馬引澤
黒
中目黒
世田ヶ谷新町
野田
下目黒
大崎町
岡本
用賀
駒澤
大藏
瀬田
碑衾
深澤
桐ヶ谷
宇奈根
碑文谷
山谷
玉川
平塚
上野毛
久地
荏
等々力
馬込
中延
二子
高
溝ノ口
奥澤
長原
蛇窪
下野毛
石川
尾山
千束
大井町
下作延
調布
雪ヶ谷
坂戸
久本
沼部
貨物
上丸子
池上
馬込
末長
新作
道々橋
橘
新城
小杉
嶺
新井宿
不入斗
中原
本門寺
千年
小田中
原
井新
八
下池上
今井
鵜ノ木
明津
子母口
野川
市ノ坪
丸子
住吉
大口
井田
北蒲田
端
山田
久末
橘
木月
古市場
蒲田
蒲田新宿
糀谷
上平間
北加瀬
駒ヶ橋
高田
駒林
下平間
鹿島田
矢上
小向
古川
箕輪
雜色
宿
町田
御幸
南加瀬
六郷
新田
日吉
綱島
小倉
高畑
八幡塚
塚越
戸手
大師河原
吉田
橋場
江ヶ崎
南河原
大綱
山野
川崎市
平間寺
東南
子獅ヶ
新羽
大曾根
樹
駒岡
矢向
大島
末吉
旭
師岡
太尾
渡田
池上新田
市場

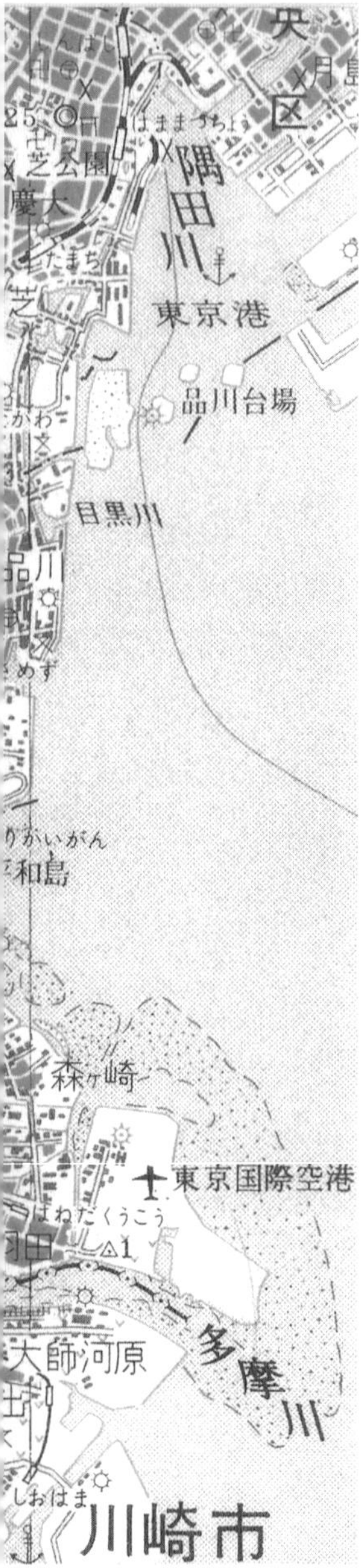

ザル理由ハ全ク茲ニ存ス。

目黒から南下する目黒蒲田電鉄、渋谷から南西に延びる玉川電気鉄道や京王電気軌道などの震災後の好調を横目に、切歯扼腕する会社幹部の無念の空気が伝わってくる。追加申請にはだいぶ時間を要し、結局五反田への新ルートが認可されたのは大正一四年（一九二五）四月一四日のことであった。その後、雪ヶ谷〜桐ヶ谷（昭和二〇年休止、後に廃止）間が昭和二年（一九二七）八月二八日に延伸開業、次の大崎広小路までがわずか二か月後の一〇月九日、そして翌三年六月一七日にはようやく五反田駅に到達した。最初の開業から五年、軽便鉄道の申請からは一五年が経過している。図4は東京の南西部に大正末から昭和初期にかけて一気に広がった鉄道網を暫定的に描き入れた鉄道補入版、図5はそれから約三〇年後、市街化がほぼ完成した時期の図を参考までに入れてみた。

図5　市街化がほぼ完成した頃の同地域 1:200,000 地勢図「東京」昭和 34 年修正 × 1.9

かなわぬ都心直結への夢

五反田から白金方面への延伸計画

東急池上線の前身・池上電気鉄道は、目黒への乗り入れで目黒蒲田電鉄（現目蒲線）に先を越された。同じ目黒〜蒲田間を結んでも徒に競合して得策でないことから、池上では起点を目黒から同じ山手線の隣駅である五反田に変更した。その接続方法も、当初の計画では山手線のホームと並行させる形であったが、その後に白金方面への延伸を目指したため、山手線を高架で跨ぐ形に変更している。

白金とは具体的には当時の白金猿町《しろかねさるまち》で、江戸時代には江戸と郡部の境界線に位置していた。猿町の由来も動物のサルではなく「白金台町を去る」所であるから「去り町」「去る町」、後に表記が猿町に転じたとする説が、幕府の官撰地誌である『御府内備考』に記されている。

江戸の範囲を朱引《しゆびき》というが、これは地図に江戸の範囲を朱線で囲んだことに由来する。その朱引は明治に入って東京府一五区の範囲としてほぼ引き継がれ、明治二二年（一八八九）の市制施行の際には複雑な境界の凹凸が均されたものの、白金猿町付近はほぼそのままであったので、朱引が通る猿町—「去る町」は市制施行後もその実態を保持していたのである。そして昭和二年（一九二七）八月一六日には東京市電が清正公前《せいしょうこうまえ》（現白金高輪駅付近）から白金猿町までの路線を開業した。

当時の東京市電は原則として市域内に営業範囲を限っており、その外側つまり郡部を私鉄に担当させている。たとえば錦糸町（錦糸堀）から東は城東電気軌道、広尾の天現寺橋から西は玉川電気鉄道（後の東急）、品川の南は京浜電気鉄道、新宿の西は西武鉄道（旧）や京王電気軌道という具合に、それぞれ路面電車またはそれに類する電気軌道として敷設された。

各私鉄は当然ながら都心部への乗り入れを熱望していたが、あらかた認められていない。市内と市外の交通の担い手はかなり厳密に棲み分けさせられていたのである。この厳密な棲み分け政策が、後に私鉄にとっての「万里の長城」という表現を生んだ。図1は昭和四年（一九二九）に東京市電気局が発行した路線図で、見えざる万里の長城＝市郡界が描かれているので市電（赤線）と私鉄（紺の実線）の「棲み分け」の状況がよくわかる。

京浜電鉄「青山線」の予定線

池上電気鉄道は五反田を起点としたものの、目黒のように市電が通じておらず利便性においては見劣りがした。ちなみに目黒駅も郡部（荏原郡大崎町）ではあったが、例外的に市電の線路を市郡界から三三〇メートルほど郡部へ伸ばして、目黒駅前への乗り入れを実現させている。池上電気鉄道はその白金猿町の市電に接続しつつ、その八〇〇メートルほど東に位置する品川駅まで足を伸ばし、乗

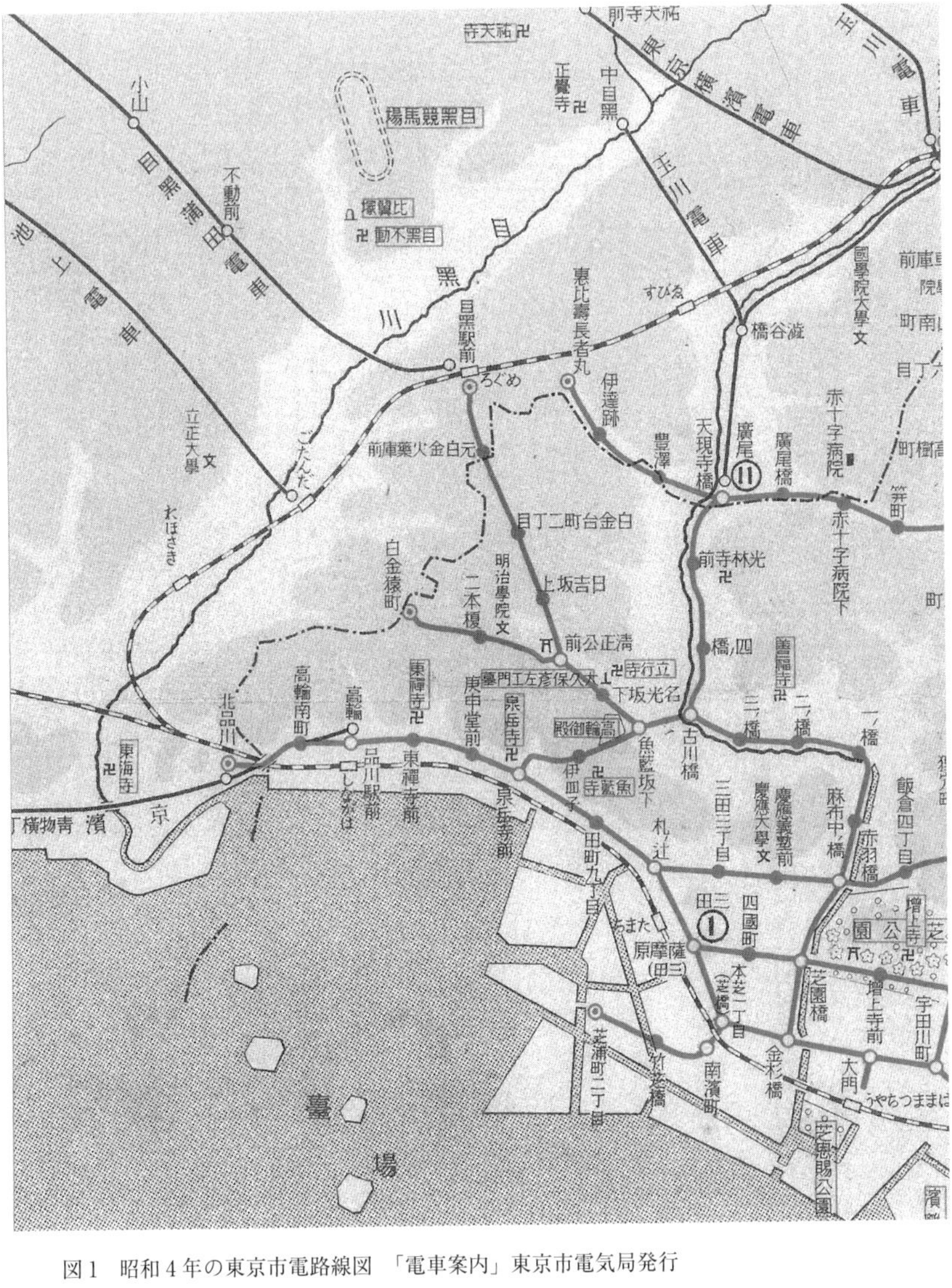

図1　昭和4年の東京市電路線図　「電車案内」東京市電気局発行

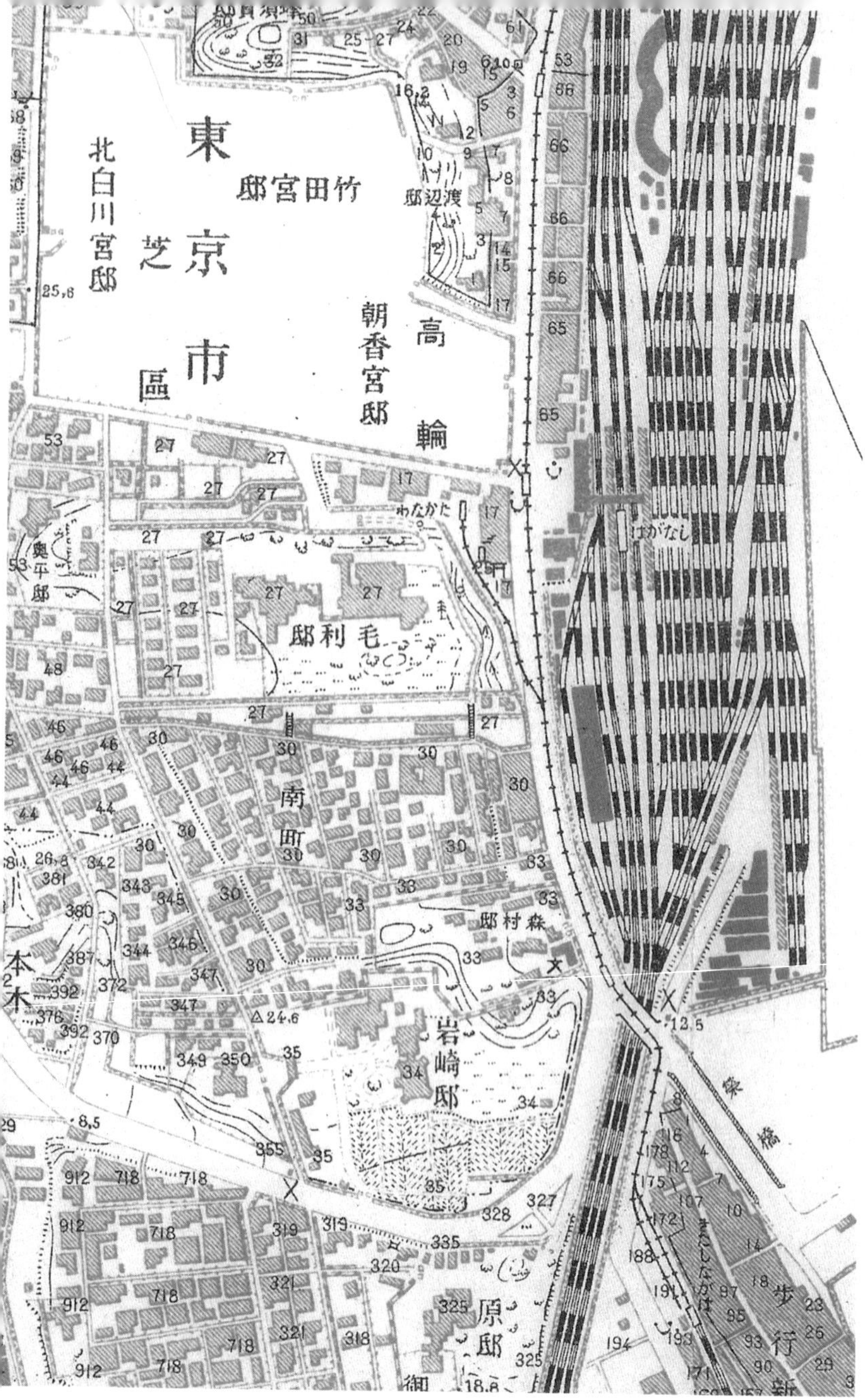

東京市
芝區
北白川宮邸
竹田宮邸
渡辺邸
朝香宮邸
高輪
奥平邸
毛利邸
南町
森村邸
岩崎邸
原邸

図 2　五反田と白金猿町　1:10,000「品川」昭和 4 年修正　× 1.35

客の利便性を高めようとしたのである。図2の左端には前年の昭和三年（一九二八）に開通したばかりの池上電気鉄道五反田駅があり、その約八〇〇メートル北東に同二年開業の市電・白金猿町停留所が見える。

ところが品川駅付近から白金猿町を経由し、青山七丁目までの軌道敷設特許は、すでに京浜電気鉄道（現京急）が取得していた。青山七丁目は現渋谷区渋谷の青山学院付近である（青山南町七丁目・青山北町七丁目）。この一帯は明治一一年（一八七八）の郡区町村編制法下では赤坂区内だったのが、同二二年の市制施行時の境界調整で郡部に編入されたため、青山といっても六丁目までは赤坂区であるのに対し、七丁目だけは渋谷村（後に渋谷町）であり、要するにぎりぎり市郡界の外側にあたった。

池上電気鉄道は京浜電気鉄道に交渉した結果、大正一五年（一九二六）五月二九日に京浜側から次のような承諾書を得る。

弊社特許線青山線中、猿町高輪間ヲ貴社ニ於テ五反田線ヲ延長シ共用ノ件承諾致候也

この当時は京浜電気鉄道の軌間は東京市電と同じ一、三七二ミリ、これに対して池上電気鉄道は一、〇六七ミリであるから双方の車両が一緒に走ることは不可能であった。三本のレールを敷設して両者に対応するつもりだったのだろうか。

大正一五年（一九二六）九月八日付で池上電気鉄道が鉄道省監督局長宛に提出した上申書は、次のように白金・品川延長線の意義を強調している。

将来東京西南部ニ於ケル交通機関タルノ真使命ヲ果タスタメニハ、既免許線ノ外尚連絡地域ニ新線ヲ敷設致度《いたしたく》種々攻究ノ結果、出願手続致置候目下御審議中ノ大崎ヨリ郡市境ニ至ル線ハ就中《なかんづく》熱望措《お》く能ハサルモノニ候。若シ本線ニシテ御免許ヲ得ムカ、申請書添付書類ノ如ク京浜電鉄トノ間ニ郡市境猿町ヨリ高輪省線品川駅前ニ至ル同社免許線共用ノ協議調ヒ居《おり》候ニ付、弊社トシテハ郡市境猿町ヲ経テ品川駅ニ至ル新線ヲ敷設シ得ルコトヽ可相成《あいなるべき》次第ニ候。

小職ノ計画ニテハ、若シ幸ニ本線ノ御免許ヲ得タル場合ハ五反田駅品川寄接続地ヲ（申請書添付図面ハ駅ト相当距離アルモ工事施工ニ際シテハ本書添付ノ如ク訂正）高架ヲ以テ越ヘ、駅トノ連絡ハエレベーター及段道ヲ以テシ、更ラニ品川ニ於テハ幹道上ヲオーバーブリッヂニヨリテ直チニ品川駅構内ニ接続セシムル方針ニ有之、設計トシテモ一新紀元ヲ画スル意味ニ於テ、嘱託竹内季一博士ノ手ニ於テ鋭意調査ヲ進メ居リ候。（中略）

この「高架ヲ以テ」五反田駅を越えるところまでは開通した。そこから先は線路が延伸されることはなく今日に至っている。当時熱く語っていたこの白金延長線の存在はほとんど忘れられたが、その目的のために高く山手線を跨ぐ五反田駅の「勇姿」は、その経緯を静かに物語っている。

上申書はさらに続く。

一、弊社線ハ五反田ニ於テ省線ト連絡スルト雖《いえども》、市電ハ猿町郡市境マデノ計画ノミナルヲ以テ市電トノ連絡ナシ。而《し》カモ沿道住民ノ市中ニ赴クモノノ中、今日ノ情勢ニテハ五反田ヨリ省線ヲ利用シ、更ラニ品川以東ニ於テ市電ニ乗換フル数尠《すく》ナカラサルヲ以テ、本線敷設ニヨリ市電建設中ノ猿町線ト連絡シ、品川駅ニ於テ市ノ大幹線並ニ省線品川駅ト接続スルヲ得バ、沿道住民ノ便益蓋《けだ》シ多大ナルモノ可有之ト存候。（以下略）

二、最近数年間ニ於ケル五反田、目黒両駅ノ乗客数ヲ見ルニ

	大正八年	大正九年	大正一〇年	大正一一年	大正一二年	大正一三年
五反田	一七三四	二二五三	二九三二	三六二一	四一六六	四八六五
目黒	一〇六五	一五二三	一二二〇	二四六七	四四五五	五六一五

ニシテ目黒駅ハ大正十二年目黒蒲田電鉄ノ開業後（震災ノ影響モアレド）著シキ増加ヲ示シツヽアリ、五反田亦弊社ノ開業ニヨリ著増ヲ示スヘキハ想察ニ難カラスト存候。乗客数ト降客数トハ略《ほぼ》一致スルモノトセハ、右表（原文は縦書きなので、ここでは上表）乗客数ノ倍数ヲ呑吐スルコトヽナリ、将来ノ著増ヲ推算スレバ、目黒ノ如ク市電及乗合自動車ノ連絡ナキ五反田駅ノ雑閙ハ思半ニ過クルモノ可有之、猿町市電及品川ニ於ケル省、市両者ト連絡シテ緩和ヲ計ルハ最モ機宜ノ計画カト存候。

もし池上電気鉄道が五反田まで開通しても、都心へ向かう人はまず山手線に乗り換え、さらに田

町や新橋などの駅で市電に乗り換えなければならない。線路を延伸して白金猿町や品川駅に電車を直通させれば利便性は大いに上がるに違いないと訴えている。

白金猿町の市電終点は昭和二年（一九二七）に開業するが、上申書が提出された大正一五年（一九二六）九月八日の時点では五反田方面への延伸は計画されていなかったようだ。しかしその後昭和七年（一九三二）一〇月一日には東京市が周辺五郡八二町村にわたる大規模な編入を行ない、いわゆる「大東京市」が誕生したので付近の市郡界は消滅、結局は市電も昭和八年（一九三三）一一月六日に五反田まで延伸されることになる。

ここに掲げられた両駅の乗客数（乗車数）を現在のそれと比べてみると、五反田駅が一二・八万人、目黒駅が一〇・二万人（いずれも山手線、平成二三年の乗車人員）だから約二〇倍に増えたことになる。まさに隔世の感だ。ちなみに一日五〇〇〇人前後の乗車数といえば、今なら横須賀線の東逗子駅（平成二三年に五一九八人）、御殿場線御殿場駅（同四六九一人）あたりの数字に近い。

上申書は次に用地買収が「意外に容易」であることを説く。

三、計画実行カ今日ヲ以テ便利トスルハ、郡市境五反田寄島津公邸附近ニ今尚空地アルコト及猿町品川間ニ毛利公邸ノ開放地ニシテ池溝ヲ埋築セル部分未ダ空地ノ儘トナリ居リ、何レモ買収比較的容易ナルコトニ候。市街地ノ用地買収ノ困難ナルハ後諒知ノ義ニ有之、斯クノ如キ空地ハ寧ロ天佑トモ可申《もうすべき》次第ニ候。

島津邸・毛利邸を縫って品川へ

図3は比較しやすいよう図2を再掲したものだ。これによれば上申書の記述の通り五反田と白金猿町の間には台地の上に広大な「島津邸」があり、その西側は土地利用が定まっていないように見える。またその東には毛利邸。図3の一三年前にあたる図4を見ると、この毛利邸の北側に庭園の池が描かれており、図3では上申書の「池溝ヲ埋築セル部分」に疎らに家が建ち始めた状況だ。煉瓦塀の記号で囲まれていて相当に広い面積なので、毛利邸を細分化したとはいえ、それでも大邸宅の名にふさわしい住宅地である。大正一五年の段階ではこれが空き地だったのだろう。

図3では毛利邸の崖下に市電の支線のような線路が見えるが、その北端の行き止まりが京浜電気鉄道の高輪駅（大正一四年三月一一日開業）である。かつてのターミナルであった品川停留場は省線品川駅よりはるかに南に位置する八ツ山橋の南側、まさに郡市境の外に位置していた。市電は八ツ山橋の北側に品川停留場を設けていたから、乗り換え客は徒歩で橋を渡っていたのである（図4の右下参照）。

しかしこれでは不便なため、京浜電気鉄道は前述の青山線の敷設特許を明治四一年（一九〇八）六月一九日に取得、京浜側が総費用の三分の一を負担した新・八ツ山橋を通って市電の線路と接続させ、さらに品川駅の直前から西へ分岐して高輪駅までの新線を建設した。紆余曲折があった後に、その分岐点から北品川までの線路は東京市電と共用し、市電は北品川まで乗り入れることとなった（図1の市電路線図参照）。図3の北品川駅には市電の折り返し用専用発着線も描かれている。

高輪駅が少し内陸側を向いているのは、青山線のルートを意識したもので、ここから白金猿町を経て青山七丁目に向けて延伸する計画であった。しかし京浜は結局、省線品川駅前に自前の駅を作って乗り入れを始めることになる。昭和八年（一九三三）四月一日には高輪駅を廃止し、横浜から三浦半島へ向かう湘南電気鉄道（京急黄金町駅以南の前身）の浦賀への乗り入れを開始した。

高速電鉄に脱皮する京浜電気鉄道

大師電気鉄道（川崎〜大師）として開業した当初は標準軌（一、四三五ミリ）で始まった京浜電気鉄道だが、東京市電への乗り入れによって都心部へ到達することを意識して明治三七年（一九〇四）に一、三七二ミリにわざわざ改軌する。しかし結局は車両の規格などの問題があって実現せず、横須賀方面への短絡線となる湘南電気鉄道に直通することを優先し、一、四三五ミリに再改軌した。

昭和八年の品川駅開業と湘南の浦賀直通は、路面電車に近かった都市間電車から、高速電鉄への「脱皮」を象徴する出来事である。高速鉄道となった京浜はその後、市電の線路ではなく、地下線による都心乗り入れを検討するようになった。高輪駅が廃止されたことにより、青山方面への延伸は断念することになる。地下鉄への直通が実現したのは戦後、京浜急行電鉄が品川〜泉岳寺間を開通させ、都営地下鉄一号線（現浅草線）との直通を開始した昭和四三年（一九六八）のことであった。

湘南直通より前の話だが、京浜電気鉄道が都心乗り入れを狙って蒲田（現京急蒲田）〜五反田の新線免許を出願、昭和三年（一九二八）に取得する（未成線）など、池上にとって好ましくない方向に動いたため両者の関係は悪化、池上の延伸も断念されることになる。その一方で猿町止まりであった市電も市域拡張で五反田駅まで伸びたことで、五反田〜猿町を建設する意味もなくなった。

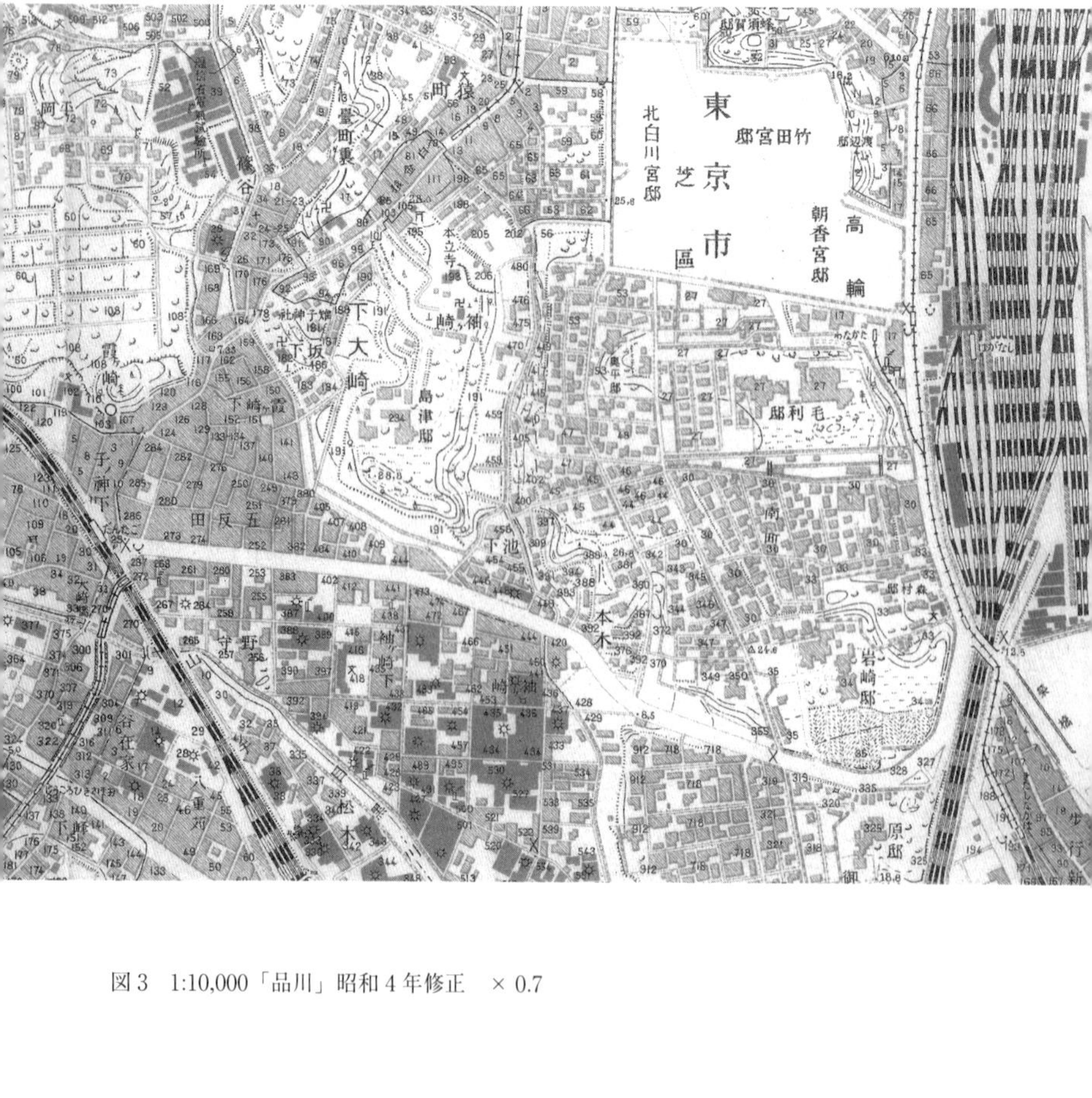

図 3　1:10,000「品川」昭和 4 年修正　× 0.7

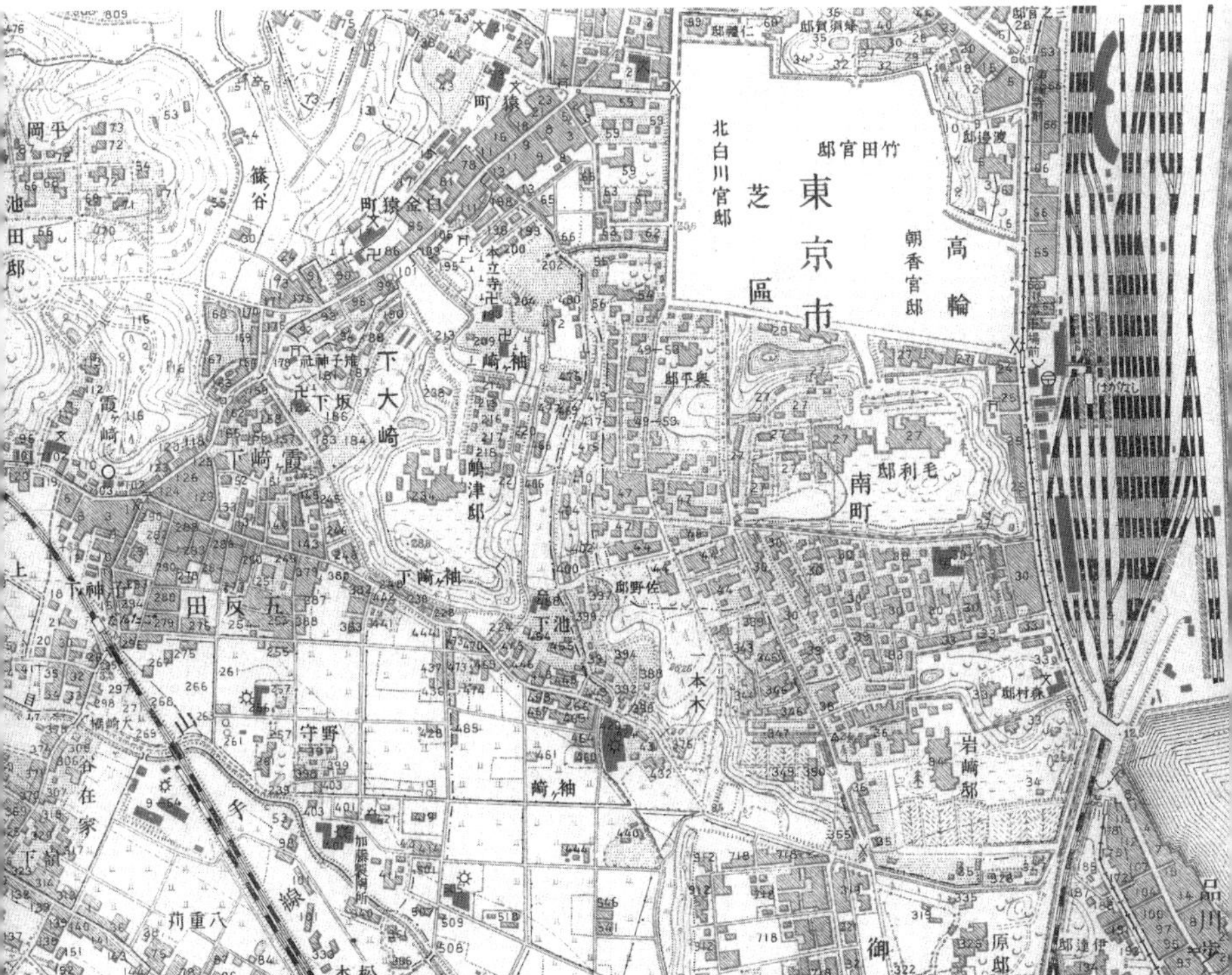

図4　毛利邸に池があった頃。猿町の市電、五反田の池上電気鉄道はまだない。1:10,000「品川」大正5年修正　× 0.7

いずれにせよ、終点側である蒲田から順次開業を重ねたことにより、都心部に出にくいデメリットから乗客数が伸び悩んでいた池上電気鉄道も、いよいよ五反田駅に接続を果たした途端に乗客数はうなぎ登りに急増する。『東京急行電鉄五〇年史』に掲載されたグラフを見ても、昭和二年（一九二七）上期まで長らく一〇〇万人に届かず低迷していたのが、五反田開業後の同三年下期には四五〇万人、さらに同四年下期には六四〇万人（グラフの読み取りなので概数）とまさに驚異的な伸びを示している。ちなみに沿線自治体の人口も大正一四年（一九二五）から昭和五年（一九三〇）までの五年間で荏原町が七・二万人から一三・二万人、馬込町が一万人から二・三万人、東調布町が〇・五万人から一・二万人などほぼ倍増した。驚くべきスピードで市街化も進んでいたのである。

白金延伸の断念と目黒蒲田への併合

それでも目黒蒲田電鉄と一キロ内外で並行するがゆえの駅勢圏の重複は大きな問題で、池上としては田園都市が成功を収めつつある目黒蒲田の乗客をさらに取り込むために「国分寺新線」を構想し、その第一期線として雪ヶ谷（現雪が谷大塚駅付近）〜新奥沢間を開業する。しかし目黒蒲田電鉄の勢力圏に、どこの駅とも連絡していない新奥沢駅（世田谷区東玉川二丁目四〇）までの電車の利用者は少なく、途中に一駅だけ設置された諏訪分《すわぶん》駅のすぐ近くにある調布女学校（現田園調布学園）の通学専用電車の様相を呈したという。池上電気鉄道は昭和八年（一九三三）に目黒蒲田電鉄の傘下に入り、目黒蒲田の五島慶太が専務取締役に就任する。そして翌九年には合併により消滅した。昭和一〇年（一九三五）には目黒蒲田電鉄にとって「目障り」だった不採算路線・新奥沢支線を廃止した。池上電気鉄道は開業からわずか一二年で消滅したのである。

『東京急行電鉄五〇年史』では、この池上電気鉄道の経営を「他力本願の付帯事業」の小見出しを付けて次のように酷評している。

（前略）池上電気鉄道の沿線開発策は、ほとんどが他力本願であった。すでにこのころ、目黒蒲田電鉄・東京横浜電鉄では、積極的に学校誘致を行なう一方、多摩川園、綱島温泉浴場、オリンピア球場、田園グランドなどの旅客誘致施設を設け、さらには、田園都市会社に源を発した田園都市づくりなど、多角的な沿線開発を行なっていた。それに比べて池上電気鉄道の場合は、わずかに水上倶楽部を設けて洗足池にボートを浮かべ、あるいは土地の仲介を行なっていたにすぎず、自然に発展するのを待つばかりで、まったく無策であったということができる。（以下略）

仏教用語「他力本願」の誤った用法ではあるが、やはり「勝者」による社史であるから被合併会社に対する視線は厳しい。それでも池上電気鉄道が山手線を跨いだ東側の駅ビルには、開通半年後にあたる昭和三年（一九二八）一二月に白木屋《しろきや》が入った。これが関東における最初の「ターミナルデパート」であることはあまり知られていない。現在の「remy 五反田」の場所である。今日も池上線の電車は、歴史を噛みしめつつ高架の勾配をよじ登って山手線を跨ぎ、このビルへと乗客を運び続けている。

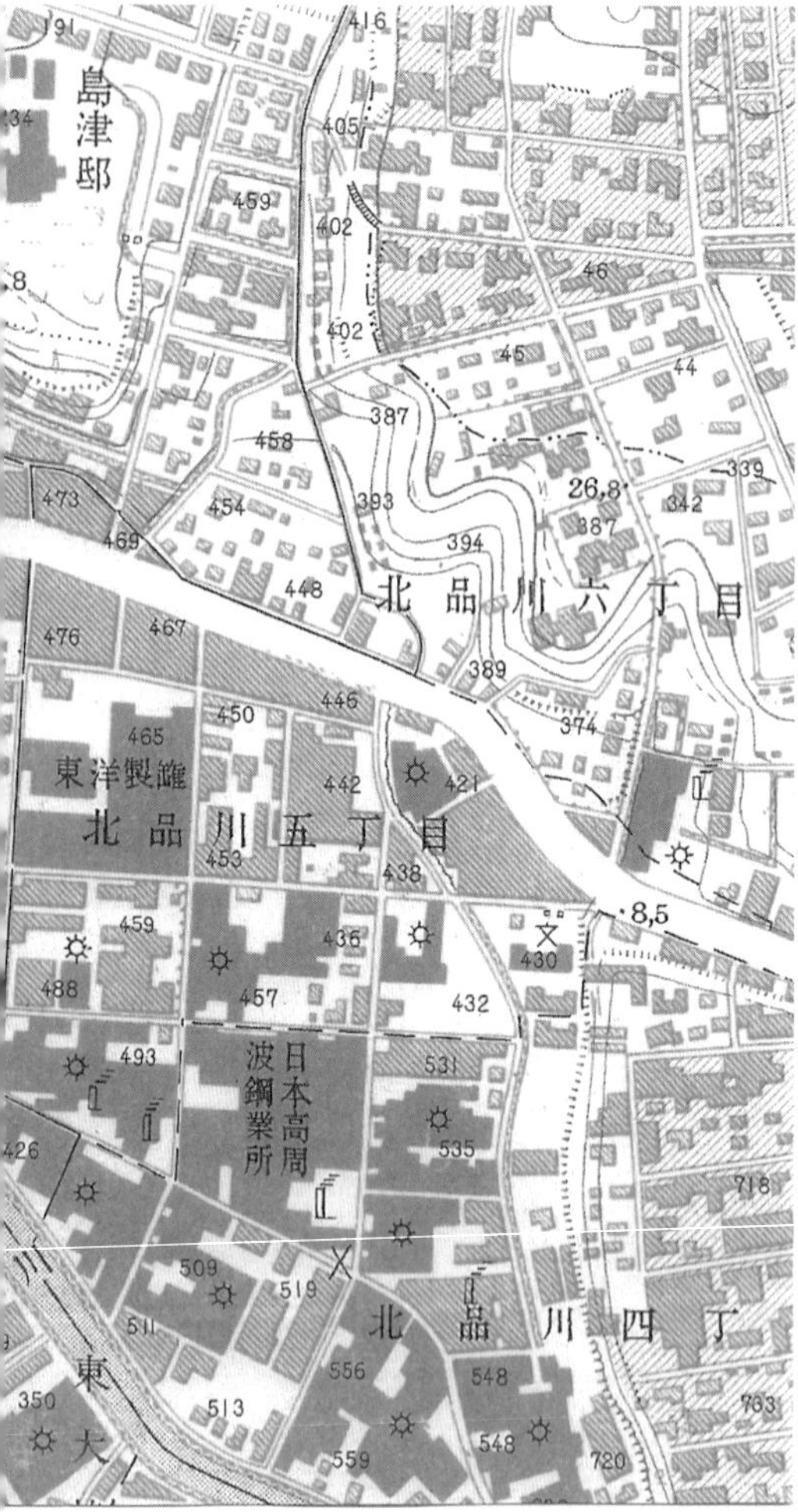

図5　白木屋が健在だった頃の五反田。都電も駅前に発着している。1:10,000「品川」昭和30年修正×1.5

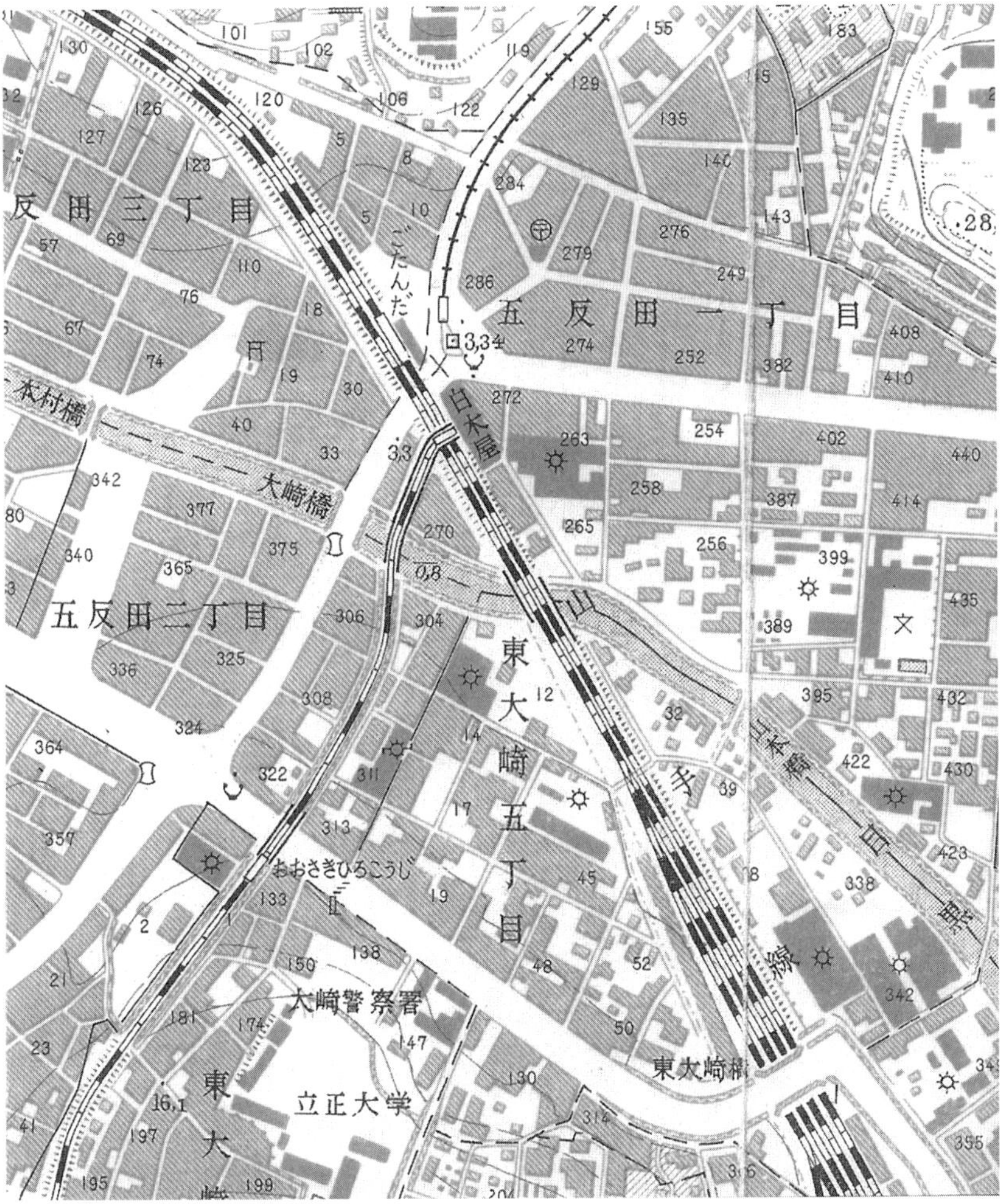
五反田三丁目
五反田一丁目
五反田二丁目
ごたんだ
白木屋
本村橋
大崎橋
東大崎五丁目
おおさきひろこうじ
大崎警察署
立正大学
東大崎橋
山手線
東大崎

図6　最近の五反田駅周辺
1:10,000「品川」平成11年修正
× 1.5

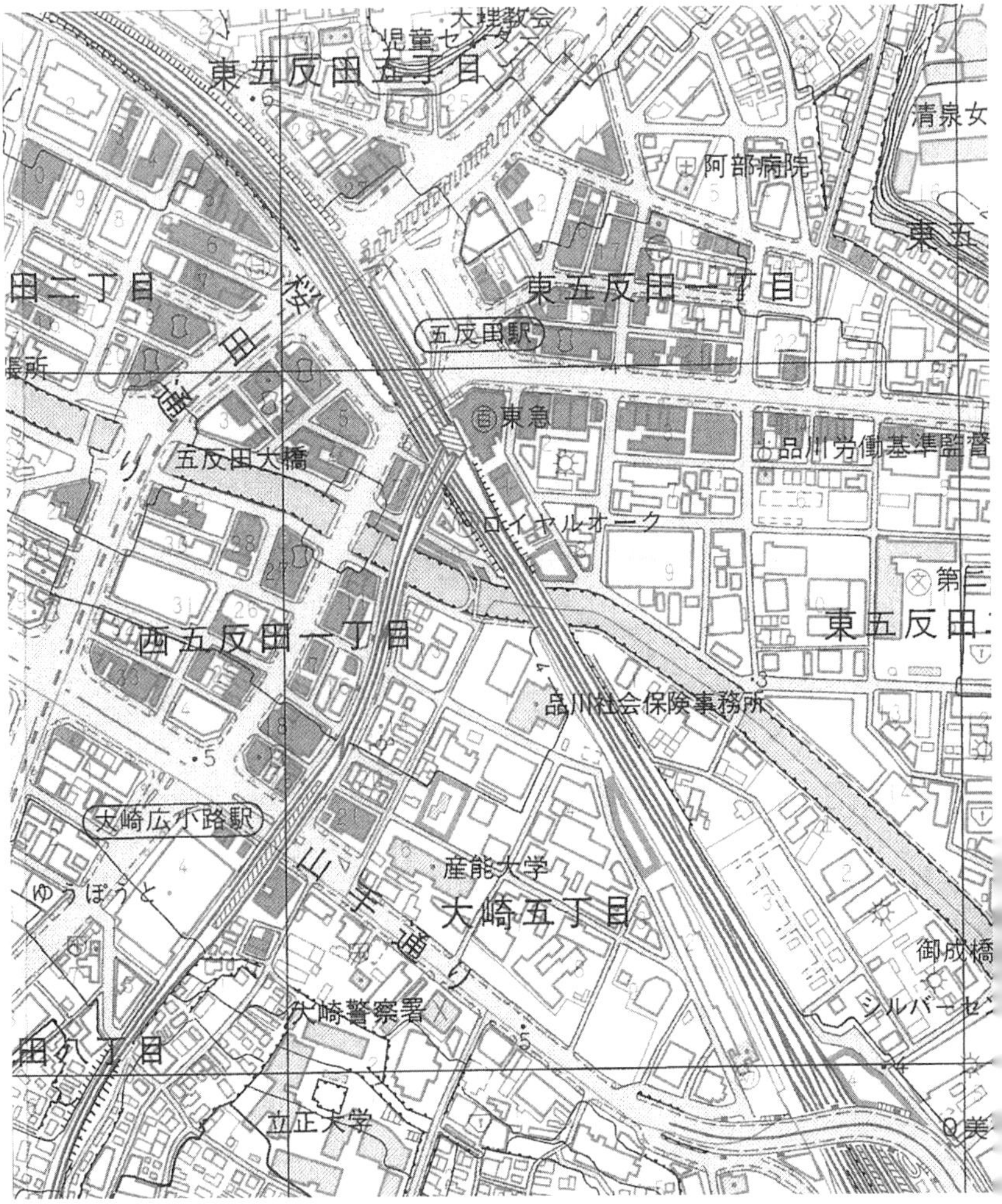
東五反田五丁目
清泉女
阿部病院
東五
田二丁目
桜田通り
東五反田一丁目
五反田駅
東急
五反田大橋
品川労働基準監督
ロイヤルオーク
第三
東五反田二
西五反田一丁目
品川社会保険事務所
大崎広小路駅
産能大学
ゆうぽうと
山手通り
大崎五丁目
御成橋
大崎警察署
シルバーセン
田八丁目
立正大学

念願の東京・横浜直結

なかなか建設に着手できない武蔵電気鉄道

現在の東急東横線は渋谷〜横浜間である。長らく横浜の先、桜木町までの運転であったが、平成一六年（二〇〇四）二月一日に横浜〜桜木町間を廃止、その代わりに横浜高速鉄道みなとみらい線が横浜〜元町・中華街間を結び、東横線と一体の運転系統となった。つい最近の平成二五年（二〇一三）三月一六日には、起点の渋谷付近が地下化されて東京メトロ副都心線に直結、東武東上線や西武池袋線と直通するようになり、大きな変貌を遂げている。

その西武池袋線は戦前に武蔵野鉄道と称したが、東横線のルーツとなった会社は名前のよく似た「武蔵電気鉄道」に遡る。設立は明治四三年（一九一〇）六月で、この会社は東京と横浜を結ぶ路線を建設する計画を持っていた。具体的な起点は当時の東京市と豊多摩郡の境界に位置する広尾の天現寺橋。ここには市内交通を担う東京鉄道（翌四四年から市電）の終点停留場があり、当時としては市電に乗り換えて都心へ出るのに適した位置であった。これに対して終点の横浜は市街の北の外れにあたる平沼。それに加えて調布村（現在の田園調布付近）から蒲田に至る支線である。会社はこれらの区間の鉄道敷設免許を申請し、明治四四年（一九一一）に本免許を取得した。

しかし日露戦争後の不況で資金調達が思うようにいかず、免許は一旦失効してしまう。第一次世界大戦の好景気の時期にあたる大正六年（一九一七）に再度免許を取得するが、いろいろな事情で結局は工事を始めることができていない。

社長・郷誠之助が鉄道に通じた人物を鉄道院（後の鉄道省）に求めたところ、大正九年（一九二〇）に監督局総務課長を務めていた五島慶太を常務に招聘することとなった。当時の五島は弱冠三八歳。彼は二年後の大正一一年（一九二二）に目黒蒲田電鉄が立ち上げられる際にも専務に就任しているので、後から見れば武蔵電気鉄道と目黒蒲田電鉄はこの時に「東京急行電鉄」としての将来が約束された、ということになる。

みるみる頭角を顕した五島慶太は、常務ながら会長である郷誠之助に相談もせずに武蔵電気鉄道の全役員を辞任させ、目黒蒲田電鉄の取締役陣をズラリと就任させて同社を傘下に収めた。社名も大正一三年（一九二四）一〇月二五日には東京横浜電鉄と改めている。遅々として事業が進まなかった縁起の悪い「武蔵」から心機一転、ということに加え、大正四年（一九一五）には西武池袋線の前身である武蔵野鉄道が開通して紛らわしくなったことも改称の一因のようだ。

まず多摩川〜神奈川間を建設

東京横浜電鉄ではまず丸子多摩川（現多摩川）から神奈川（反町〜横浜間、昭和二五年廃止）に至る区間を第一期線として敷設を決め、新株を大々的に募集した。公文書に添付されていた当時の新株募集の大判チラシには「田園都市会社ト目黒蒲田電鉄会社共同経営　新株募集」の文字が踊っており、「東京横浜電鉄ノ特色」として、いかに将来性のある電鉄であるかが縷々記されている（新字に修正したが句読点は原文のまま）。

一、目黒蒲田電鉄ノ延長線
此電気鉄道ハ目黒蒲田電鉄ノ営業線調布駅（現田園調布駅＝引用者注）ヨリ分岐シテ鉄道省線横浜駅ニ至ル約十哩《マイル》ノ複線電気鉄道デアリマス、事実上ハ目黒蒲田電鉄ノ延長線デ開業後ハ相当条件ヲ以テ合併スベキモノデアリマスガ暫ク別会社ノ名ニ於テ建設シ追テ名実共ニ合併スル積《つもり》デス、夫レ故ニ重役ハ全然同一デス大株主モ亦《また》田園都市及目黒蒲田電鉄両会社ト略《ほぼ》同一デス
一、関東ニ於ケル電気鉄道ノ雄
本鉄道ハ開業後目黒蒲田電鉄ト共同シテ目黒横浜間ニ高速度ノ直通電車ヲ運転シマス
人口三百万ヲ有スル大東京ト人口五十万ヲ有スル東洋第一ノ貿易港タル横浜市トヲ高速度複線電気鉄道ニ依リテ連結スルモノデス、関東電鉄界ノ覇王ト云フモ過言デハアリマセヌ
従ツテ其ノ事業ノ有利有望ナルハ全国中多ク其ノ比ヲ見マセヌ

この後に「理想的田園都市ノ経営」「年七朱迄政府ノ補助」という項目が続くが、「年七朱」については、開業後の利益が建設費に対して年七朱（七パーセント）に満たない場合は七朱に達するまで

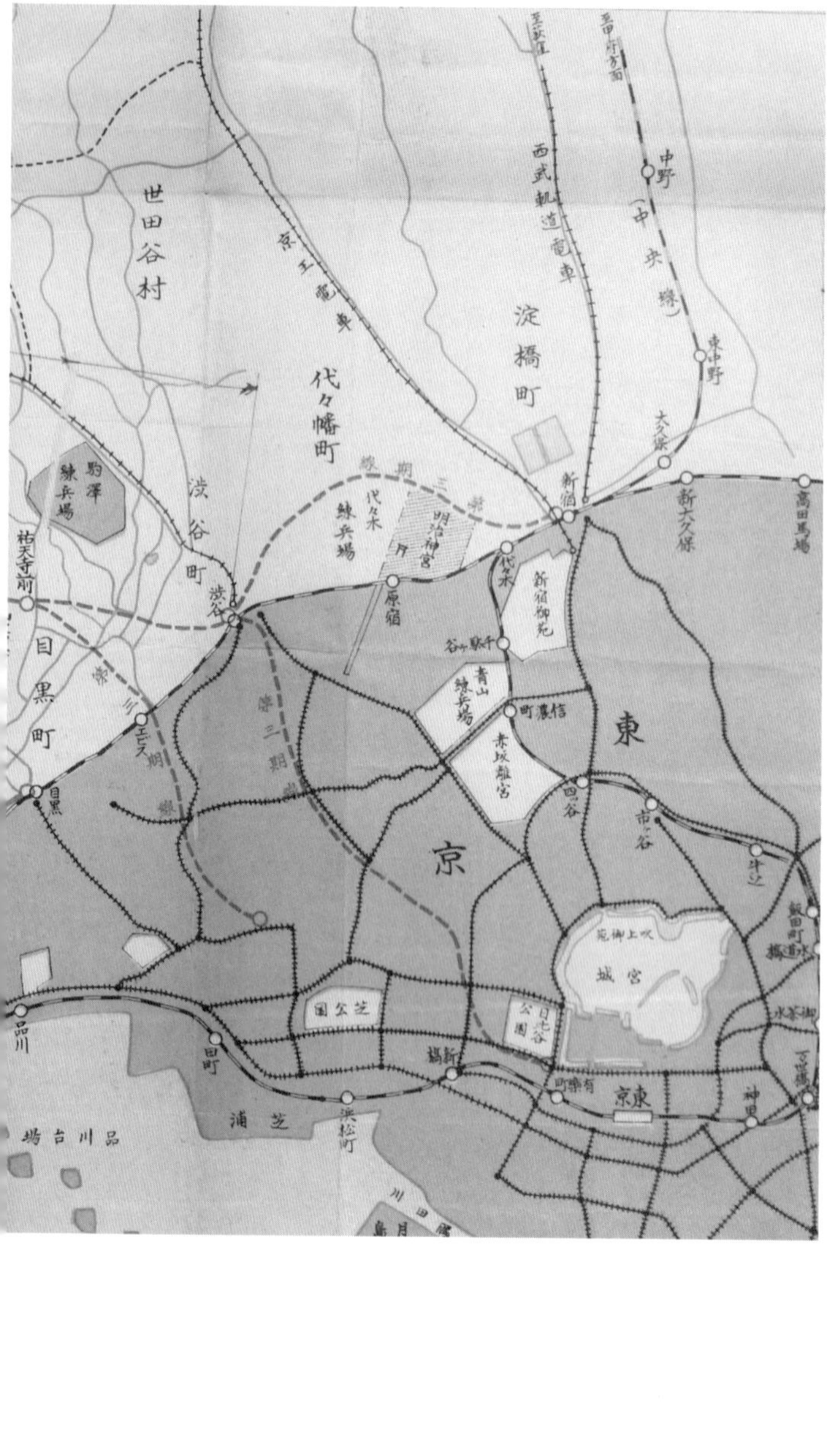
世田谷村
京王電車
代々幡町
淀橋町
西武軌道電車
中野
(中央線)
東中野
大久保
新宿
新大久保
高田馬場
駒澤練兵場
渋谷町
代々木練兵場
明治神宮
原宿
代々木
新宿御苑
千駄ヶ谷
青山練兵場
信濃町
赤坂離宮
祐天寺前
渋谷
目黒町
エビス
目黒
東
京
四谷
市ヶ谷
牛込
飯田町
水道橋
吹上御苑
宮城
芝公園
日比谷公園
御茶ノ水
品川
田町
新橋
有楽町
東京
神田
芝浦
浜松町
品川台場
月島

図１　大正13年の新株募集チラシに掲載された目黒蒲田電鉄と東京横浜電鉄（予定線）の路線図　国立公文書館蔵

政府の補助があるはず、としている。これは当時の地方鉄道補助法（もと軽便鉄道補助法）による規定で、鉄道路線を建設しようとする会社には実にありがたい法律であった。これから東横の株を買おうとする人には、この上ない安心材料でもあっただろう。

ただし補助金はどんな路線でも可というわけではなく、法律の趣旨が地方における鉄道建設の奨励・促進であるため、国鉄との並行線などは除外されていた。しかし五島慶太の古巣は鉄道院（大正九年五月一五日から鉄道省）、しかもこの法律に基づく補助を執行する監督局であったので、そのあたりの機微は熟知していたはずだ。いずれにせよ国鉄並行線であるかどうか微妙な渋谷～横浜間のルートではあったが、めでたく補助金を獲得することができたのである。

前ページの図1はチラシに掲載された路線図で、当時完成していた目黒蒲田電鉄の路線（目黒～蒲田）のみ赤い実線で描かれており、同線の予定線および東京横浜電鉄の各路線が赤い破線で示されている。細かく見ると図では目黒蒲田電鉄からの分岐点が調布となっているが、そのルートでは宝萊山古墳など一連の高地を貫く切通しまたはトンネルが必要となることから、おそらくそれを回避するため一駅南に位置する丸子多摩川に変更したのだろう。

神奈川県側はまっすぐ横浜方面へ伸びる破線が描かれており、そこには「第一期線」の文字（掲載範囲外）。渋谷方向は「第二期線」であった。渋谷から先には明治神宮の西側を経て新宿に至る線、渋谷から六本木を経て日比谷（有楽町）に至る線、さらに祐天寺前から恵比寿を通って二ノ橋（麻布）までの線が、それぞれ「第三期線」として描かれている。

これら第三期線はいずれも結局実現することはなかったが、このうち新宿駅については、戦時中に陸上交通事業調整法の下で京王電気軌道を併合した後の昭和二〇年（一九四五）七月、「東急京王線」の電車が空襲の影響で急遽新宿駅西口に乗り入れることになった際、この第三期線のために取得済であった新宿駅用地が活用された。

日比谷（有楽町）への第三期線は、提出された図面によれば渋谷から主に地下線として今の六本木通りを東進、霞町駅（現西麻布交差点付近）、谷町駅（現アークヒルズ付近）、桜田駅（現内幸町駅付近）を経て日比谷駅（日比谷公園北東角）に至る路線だ。実現していたらなかなか便利な路線になっていたに違いないが、東京メトロ日比谷線がこれに近いルートを実現させてはいる。ただ、中目黒分岐だったので利便性としてはいまひとつであり、副都心線の開業を機に東横線への直通列車もなくなった。

渋谷への開通が後になった理由

さて、第一期線が丸子多摩川〜神奈川間になった理由は、目黒蒲田電鉄への配慮である。もし最初に東京横浜電鉄が渋谷〜調布（田園調布）間を結んでしまえば、これまで目黒蒲田電鉄で目黒に出ていた調布村の乗降客の相当数が東横に乗り換えてしまうおそれがあったためだ。

『東京急行電鉄五〇年史』には目黒蒲田電鉄の重役陣から付けられた条件として「渋谷〜丸子多摩川間は、目蒲線と並行路線であるので、目蒲線への影響が大きい。まず、丸子多摩川〜神奈川間を建設して目蒲線と直通運転を行なうこと、そして、目蒲線が成長してから渋谷線に着手すること」が記されている。

丸子多摩川〜神奈川間は九マイル三チェーン（一四・五四キロ）と長くはなかったが、多摩川と鶴見川の橋梁、それに反町〜神奈川間には高島山トンネルがあって工事費を押し上げた。鉄道省に提出されたこの区間の工事費の見積によれば建設費総額五四〇万円のうち橋梁費が八〇万三一二五円（うち多摩川橋梁だけで四六万一一二五円）、高島山トンネルにかかる隧道費が二三万一〇〇〇円にのぼっているから、決して安価にできた路線ではなく、補助金の獲得は会社にとって大いなる追い風であったに違いない。京王電気軌道が別会社である玉南電気鉄道を設立し、府中〜東八王子（現京王八王子）間の建設にあたって補助金を申請したが失敗に終わったのとは対照的だ。

丸子多摩川〜神奈川間は大正一五年（一九二六）二月一四日、今でいうバレンタインデーに開業している。途中駅は新丸子、元住吉、日吉、綱島温泉（現綱島）、太尾（現大倉山）、菊名、妙蓮寺前（現妙蓮寺）、白楽、新太田町（昭和二一年廃止）、反町の一〇駅。JR南武線との乗換駅である武蔵小杉に駅ができるのは戦後のことである。

図2は田園調布の南部、丸子多摩川駅の周辺である。駅前の「丸子多摩川園」は田園都市株式会社が住宅地の用地とともに購入し、大正一四年（一九二五）に開園した遊園地。その後は観覧車やジェットコースターなども設置されたが、昭和五九年（一九八四）には閉園している。

多摩川橋梁は一五〇フィート（四五・七メートル）のトラスが三連と六〇フィート（一八・三メートル）のガーダー（鋼鈑桁《こうばんげた》）が一二連から成る全長約四二〇メートルという堂々たるもので、平成一一年（一九九九）に複々線化に伴う現在の橋梁が架けられるまで、七〇年以上の長きにわたって電車の運行を支えていた。昭和四〇年代に私が小学生の頃に東横線の電車で多摩川を渡った際、上流側の堰

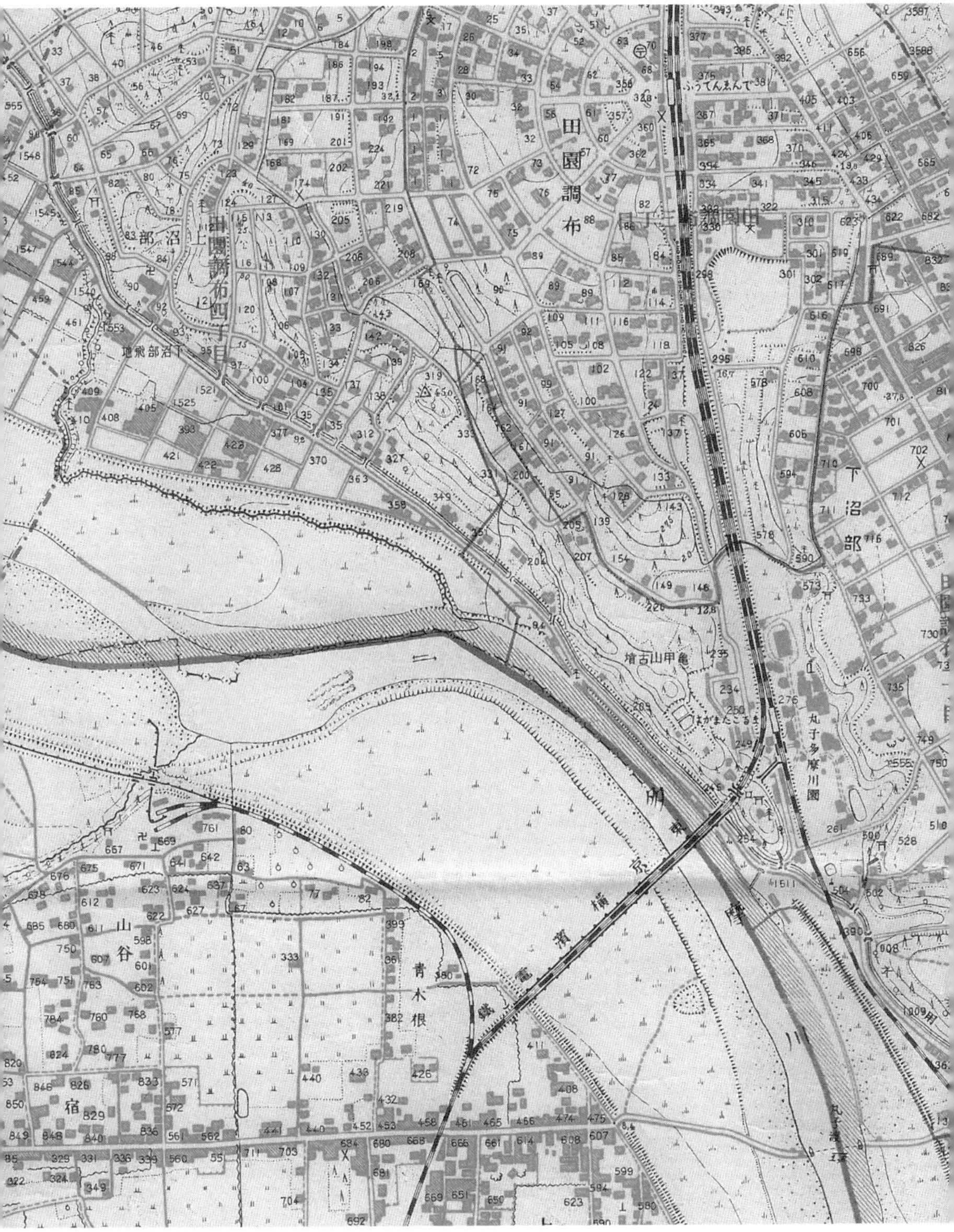

図２　東京横浜電鉄が開通して間もない丸子多摩川付近。1:10,000「田園調布」昭和４年測図　昭和７年発行　× 0.85

には洗剤のものと見られる高さ数メートルの泡がもくもくと盛り上がっていたものである。多摩川の水質も今では見違えるほど良くなった。

免許から一九年目に開業——社長の式辞

開業にあたって新丸子駅前の丸子園では園遊会が催されたが、ここで社長の矢野恒太が述べた式辞が『東京急行電鉄五〇年史』に次のように掲載されている（『東京横浜電鉄沿革史』より再掲。算用数字の表記は五〇年史の表記に従った）。

本鉄道ガ初メテ免許ヲ得マシタノハ明治四一年五月デアリマスガ、当社ガ成立シマシタノハ明治四三年六月デアリマス。免許ヲ得テカラ一九年、会社ガ成立シテヨリ一七年ヲ経過致シマシタ。其ノ間、各種ノ事情ニ因リ経営者ヲ替フルコト数回ニ及ビマシタガ、遂ニ一昨年、即チ大正一三年秋ニ至リ私共ガ之ヲ引受ケマシテ東京横浜電鉄ト改称シ、同時ニ増資ヲ致シマシテ此ノ幹線一部ノ建設工事ニ着手シ、今回漸ク竣功致シマシテ、今日、此ノ開業式ヲ挙行スル次第デアリマス。而シテ、幸ニモ姉妹会社デアル目黒蒲田電鉄ニ於テ既ニ目黒〜丸子多摩川間ノ営業ヲ開始致シテ居リマスノデ、両社協定ノ上、目黒〜神奈川間ニ直通電車ヲ運転シ、連帯運輸ヲ致シマシテ、兎ニモ角ニモ東京〜横浜間直通電車ニ依リ交通営業ヲ致シテ居リマス。

尚近キ将来ニ於キマシテ、渋谷〜丸子多摩川間ノ建設工事ニ着手シ、又鉄道省新横浜駅（現横浜駅＝引用者注）改築ト相俟ツテ、近ク之ヲ新横浜駅ニ接続シタイト考ヘテ居リマス。此ノ両端工事竣功後ニ於テハ、更ニ横浜方面デハ横浜市ノ中心タル黄金町辺《あたり》迄延長致シ、又東京方面デハ麻布二ノ橋線及新宿線ヲ完成シ、更ニ進ンデ東京市ノ中心タル丸ノ内迄延長シ度イ理想ヲ持ツテ居リマス。」

現在の東横線沿線は住宅地がほぼ連続しているが、当時は純農村部もあって乗客はすぐには増えなかった。乗客誘致のため、専務の五島慶太は前掲『五〇年史』によれば、横浜市電の中吊りや新聞での広告ポスターに「直通電車」「観光電車」「ガラ空キ電車」をアピールするよう指示、東横電車・目蒲電車の名入りポスターには次のような文言が入った。

目黒〜神奈川間直通電車運転
一日の行楽は多摩川原へ
ガラ空き電車を御利用下さい

最後の「ガラ空き」は鉄道史に関心のある人ならご存知であろう。阪急の小林一三が大正九年（一九二〇）の神戸線開業時に考えた「綺麗で、早うて、ガラアキで、眺めの素敵によい涼しい電車」という、かの有名なキャッチフレーズである。乗客が少ないのを逆手に取った斬新な宣伝文句が、いかに当時の電鉄界に影響力を与えていたかが窺える。

柿ノ木坂の立体交差

目黒から神奈川へ――目蒲・東横が直通電車

東京横浜電鉄（現東急東横線）は最初に丸子多摩川（現多摩川）から神奈川までの間を大正一五年（一九二六）の二月一四日に開業した。神奈川駅は現在の横浜駅の少し手前、渋谷方面からの電車が高島トンネルを抜けたすぐ先にあった駅である。当時の横浜駅（二代目）は高島町交差点付近にあって、現在の横浜駅の数百メートル東京寄りに東海道本線の神奈川駅があった。東横線の終点はその間近に位置していたのである。

当時の横浜駅は関東大震災で被災、仮駅舎で営業が行なわれており、現在の横浜駅に移転するのは昭和三年（一九二八）一〇月一五日。東京横浜電鉄が横浜駅に乗り入れるのはそれに先立つ同年五月一八日のことであった。この日に高島駅まで延伸しているが、この終着駅は開業わずか二か月半の八月三日に本横浜《ほんよこはま》と改称、さらに同六年一月二〇日には高島町と改められた。桜木町まで延伸開業するのは同七年三月三一日のことである。

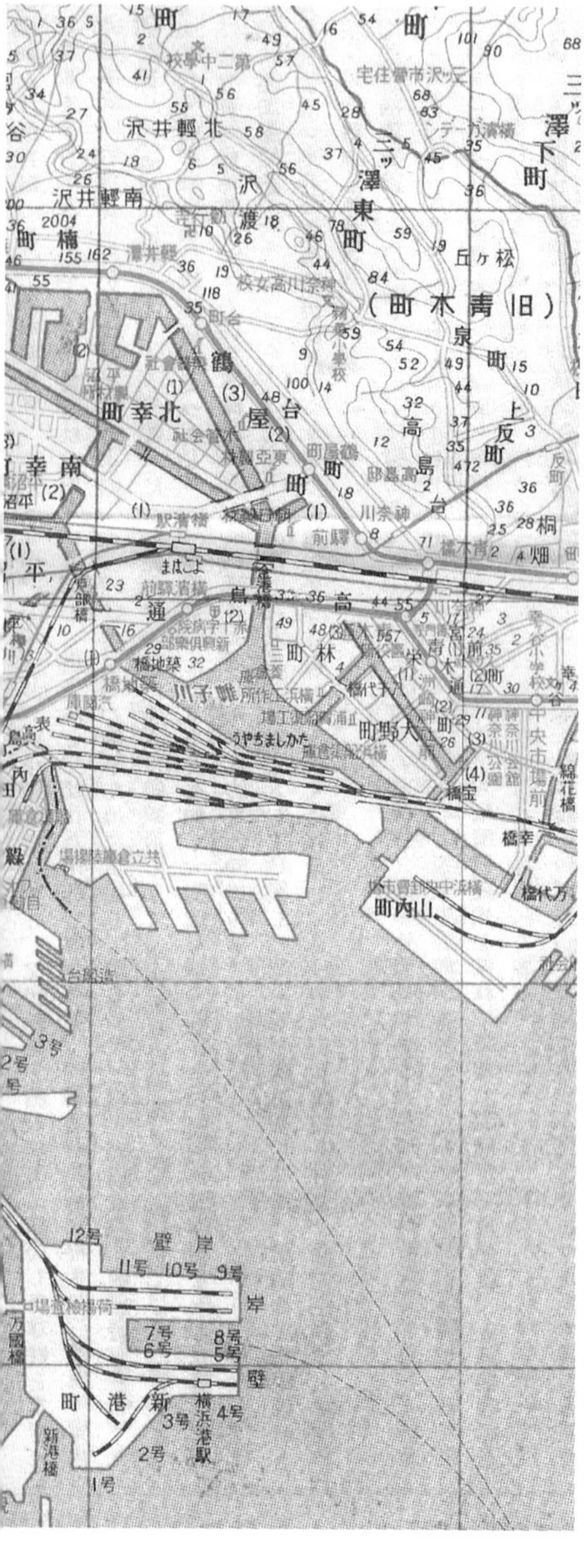

図1　昭和10年(1935)の横浜駅周辺　「新大横浜市全図」復興記念横浜大博覧会協賛会発行

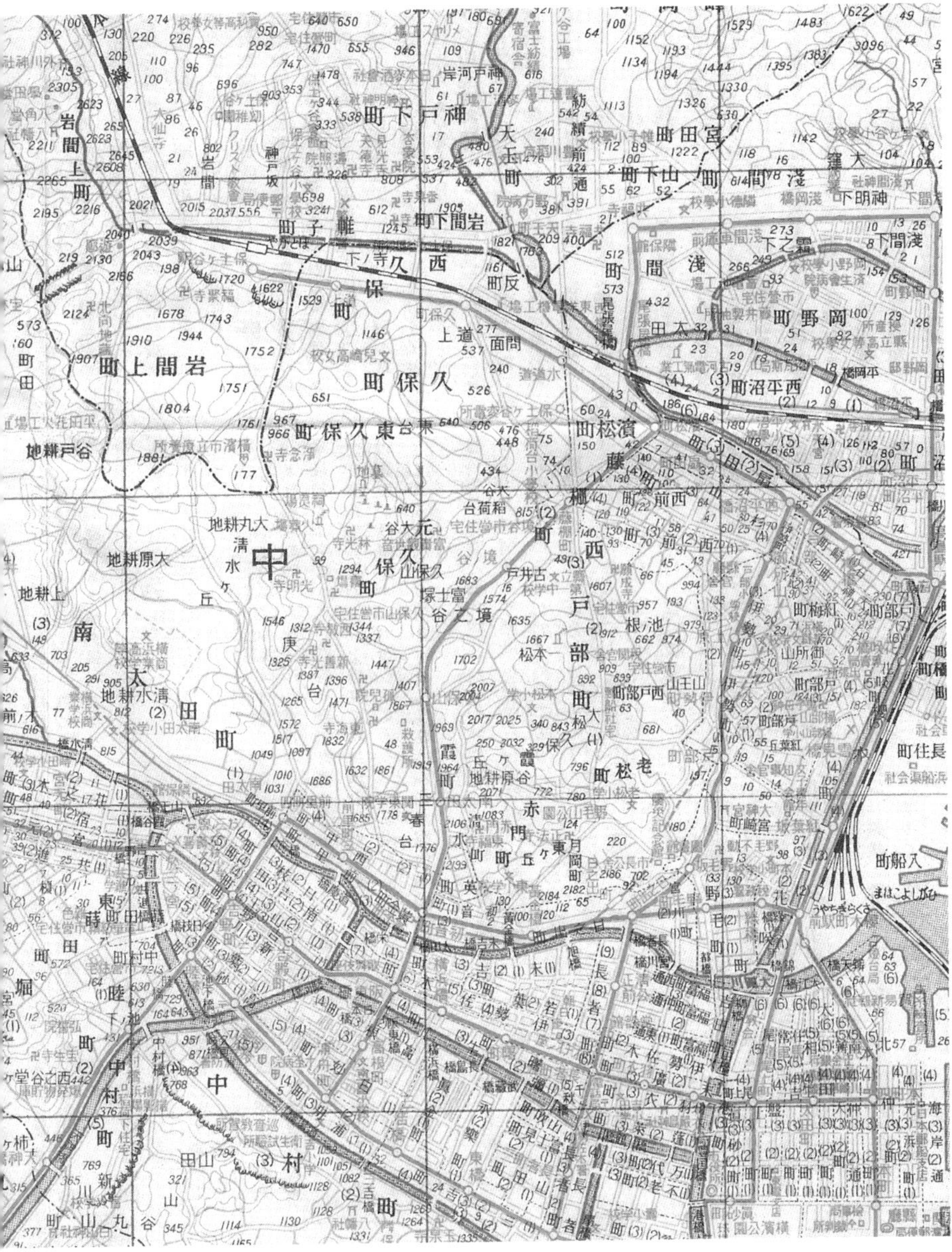
岩間上町
岩間下町
神戸下町
宮田町
浅間町
岡野町
西平沼町
西久保町
久保町
東久保町
濱松町
西戸部町
老松町
赤門町
霞ケ丘
中
南太田町
入船町
長者町

 柿ノ木坂の立体交差

図の右上に見える反町《たんまち》駅のある線が東京横浜電鉄線で、トンネルは省略されているものの、神奈川駅は描かれている。横浜駅で分岐しているように見える線路は神中鉄道（現相模鉄道）で、実際には別の駅だ。

　東横線の電車は丸子多摩川駅から目黒蒲田電鉄に直通し、目黒〜神奈川間の直通運転を開始した。『公認汽車汽船旅行案内』の大正一六年一月号には東横線が次のように掲載されている。なお「大正一六年一月号」は本来なら「昭和二年一月号」となるはずであるが、大正天皇の崩御が一二月二五日であったため印刷が間に合わなかったらしい。

◎東京横浜電鉄　東京横浜電鉄株式会社
○運転時刻　丸子多摩川発午前五時十八分より夜十二時迄　神奈川発五時より夜十二時迄　毎分《ママ》
十六分毎に運転す
○所要時分　（三十分）・哩程（全線）九哩二分
○停留所名　丸子多摩川・新丸子・元住吉・日吉・綱島温泉・太尾・菊名・妙蓮寺前・白楽・新太
田町・反町・神奈川
○賃金　全線五区　一区七銭但し新太田町反町間　反町神奈川間は五銭とす
△丸子多摩川・目黒間は目黒・《ママ》蒲田電鉄線接続し目黒神奈川間及目黒新丸子間直通電車あり
目黒神奈川間直通賃金は五十二銭とす

ちなみに現在の東横線の各駅停車で多摩川から横浜へ行くと、昼間の時間帯で特急・急行などに追い越される時間を含めて二五分ほどだ。ここに載っていない東白楽駅は翌年の昭和二年（一九二七）三月一〇日に仮停留場として開業したもので、その後は常設の停留場に変更、現在に至っている。

これに対して新太田町駅は昭和二〇年（一九四五）五月二九日の空襲で被災し、六月一日に休止となった。同二四年（一九四九）三月一五日から六月一四日までの期間だけ「博覧会場前」の駅名で使われたものの、その後は復活していない。もっとも東白楽・反町の両駅へ六〇〇メートルという短距離であったので、高速を旨とする現在の電鉄としてはいずれにせよ存続は難しかっただろう。この駅のホームの痕跡は線路脇に長らく残っていたが、最近の地下化でそれも消えてしまった。現地には記念碑があるそうだ。

柿ノ木坂の平面交差への反対

東京横浜電鉄は丸子多摩川〜神奈川間を開業したものの、やはりターミナルが目黒であることと、通過する横浜市内の沿線がおおむね農村であったことなどにより、乗客数は伸び悩んでいた。『東京急行電鉄五〇年史』の表現によれば、開業翌月にあたる大正一五年（一九二六）三月の乗客数が一一万八千人であるのに対し、その八か月後の同年一一月には一四万六千人にとどまっていたという。もちろん低成長の現代の尺度なら二五パーセント増だからたいしたものなのだが。

いずれにせよ、東京横浜電鉄では渋谷へ直結することにより状況を打開する方針を固め、引き続き多摩川から渋谷への建設にとりかかった。ただし武蔵電気鉄道としてずっと昔に取得した免許によ

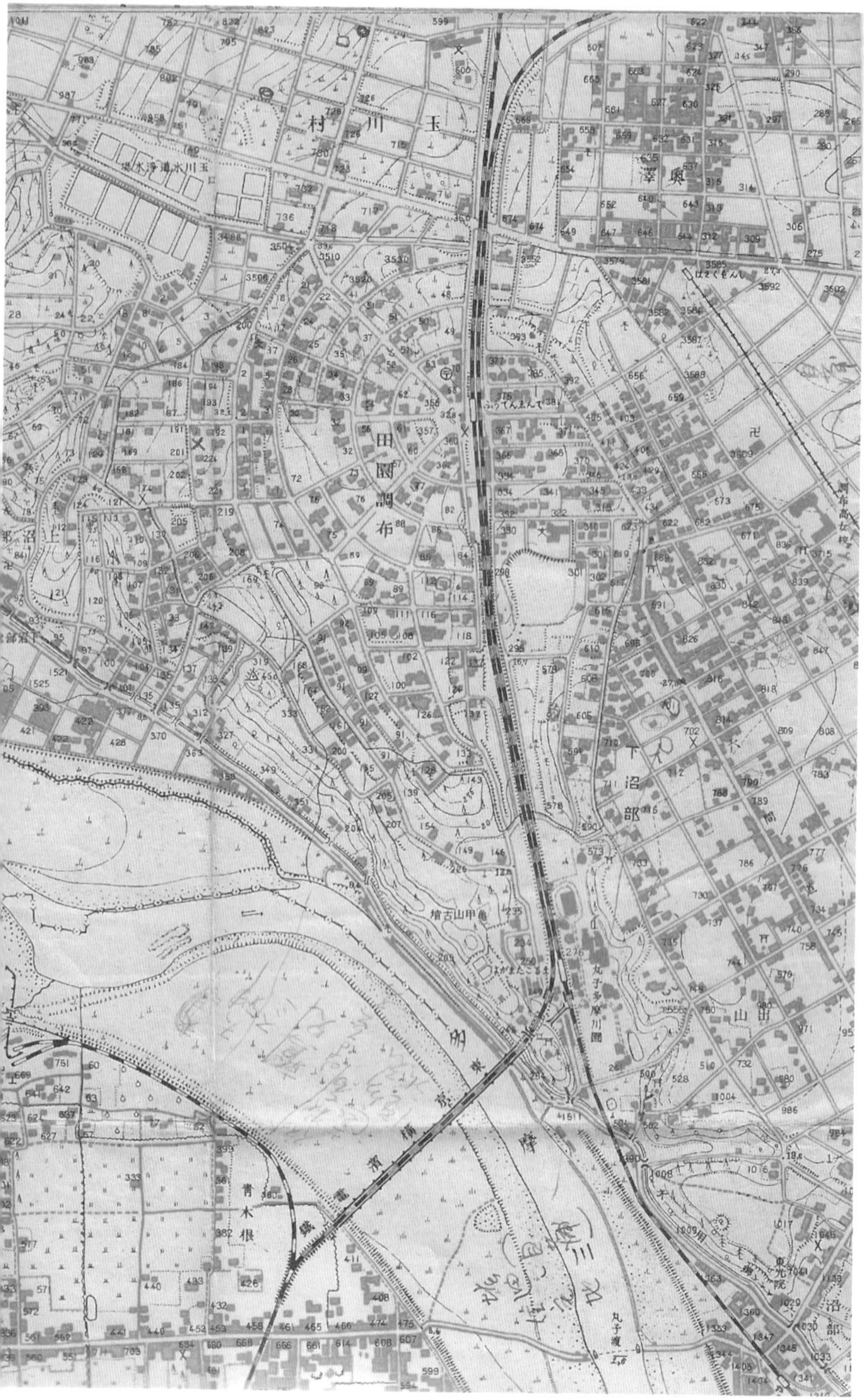

玉川村
玉川水道浄水場
奥澤
田園調布
上沼部
下沼部
甲山古墳
丸子多摩川園
青木根
東京横濱電鐵
丸子渡
山田
調布高女校
東光院
沼部

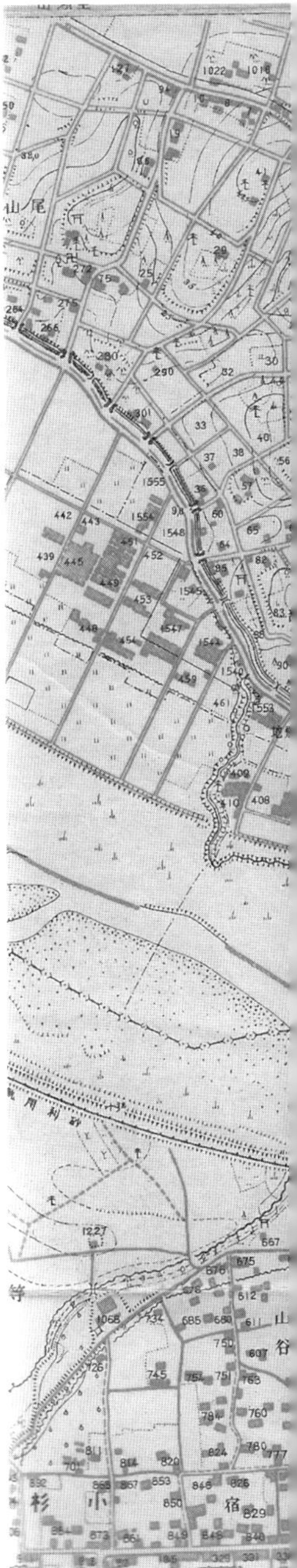

図２　田園調布～丸子多摩川間の複々線区間　1:10,000「田園調布」昭和４年測図　× 0.75

れば、目黒蒲田電鉄の線路と二回も交差することになっており、このことは両鉄道会社にとって得策でないため、東横では目黒蒲田電鉄と線路を並行して敷設することにより建設費を抑えて都市計画上の無駄をも省くルートで再申請を行なった。具体的には田園調布〜丸子多摩川間の目黒蒲田電鉄の東側に複線の線路を新設し、こちらを目黒蒲田が使い、これまで同社が使っていた複線を東横が使うこととし、両者の交差はなくなった。

渋谷〜丸子多摩川間のルートは、山手線を跨ぎ、淀橋台の端に位置する代官山に渋谷隧道（一五七・九メートル）を穿って中目黒に至り、目黒川の沖積地を跨いで祐天寺の目黒台に上がるなど、意外に起伏のある経路である。その地形を切り土や盛り土で抜けるコースとなったが、柿ノ木坂の通過地の線路設計については地元から強い反対意見があった。以下は鉄道大臣宛に提出された陳情書である。

謹啓　今般東京横浜電鉄株式会社計画ノ調布（荏原郡調布村の丸子多摩川駅＝引用者注）渋谷間電車軌道敷設予定線ハ、本郡碑衾《ひぶすま》村衾《ふすま》通称柿ノ木坂ノ急坂ヲ架橋ニ倚《よ》ラズシテ通過セントスル恐怖スベキ設計ヲ立テ、御庁ニ対シ路面横断ノ御許可ヲ願出候趣ニ確聞　仕《つかまつり》候。

本道路ハ東京ト隣県溝ノ口ヲ通ズル幹線府道ニ有之《これあり》、沿道農村ヨリ東京方面へ物資運搬ノ牛馬車手車乃至自働車等絡繹《らくえき》（＝絶え間なく続く）跡ヲ断タズ而テ前記柿ノ木坂ハ有名ナル急坂ナルヲ以テ是等ノ諸車ハ坂ノ上下ニ最モ難渋ヲ極メ叱咤曳々ノ声耳ヲ聾スル有様ニシテ真ニ雑踏ヲ呈シ居候。

当時の柿ノ木坂がどのような道路だったのか地形図で確認してみよう。図3では件の坂道は碑衾村の村役場（○印）がある柿ノ木坂の地名から衾《ふすま》の大字名のある西へ下っていく坂道で、役場のある台地上の海抜約三九メートルから、衾の地名が見える呑川《のみがわ》に沿う海抜約二五メートルの沖積低地まで一気に下っていく（特に三二四番地から三六二番地）。図の等高線から勾配を計算すれば一〇〇メートル行って九メートル標高差を生じる、約九〇パーミルほどの急坂だ。ここに踏切ができるとすれば、なるほど危ないに違いない。陳情書の引用を続ける。

（承前）御庁ニ於カレテ此計状景ヲ深ク慮《おもんぱ》カラレ、今春坂路改修ノ御設計相成、沿道ノ庶民始メテ安堵ノ思ヒヲ為シタル次第ニ候。然ルニ一電鉄会社トシテ御庁ノ御設計ヲ改廃シ、斯カル混乱ノ坂ノ中腹ヲガードヲ設ケズシテ横断セントスル所為ハ、全ク御庁ヲ蔑《ないがしろ》ニシ人畜ノ危害ヲ度外視シ、且ツ交通妨害ヲ平然トシテ行ハントスルモノニシテ、暴逆実ニ許スベカラザル儀ト存候。坂上ヨリ加速度ニ左右セラレテ下降スル諸車ガ、如何ニシテ坂中途ノ電車踏切場ニ於テ急停止ヲ為シ得ベキヤ。必ズ轢殺ノ惨事ヲ惹起スルハ明ナル次第ニ候。且ツ又坂下ヨリ登ル牛馬車ノ如キ叱咤ニ依リテ一気ニ挽引スルモノニアリテハ、電車疾行ノ為メ突然ノ往来止メガ如何ナル結果ヲ招来スベキヤ之レ亦《また》推シテ知ルベキニ候。

平常此ノ難坂ヲ□（一字不明）ヱテ而カモ唯一ノ交通路ト頼ミ、市ト交易スル吾々沿道住民ハ、生命ノ危害ト交通ノ妨害トノ故ニ深憂措ク能ハズ。殊ニ本道路ハ大都市計画ノ放射路ニ予定セラレアレバ将来幾十倍ノ雑踏ヲ極メ、従テ殺傷事故ハ弥々《いよいよ》頻発シ、驚倒スベキ悲惨事ヲ繰返スニ至ルベキヲ確信仕候。何卒《なにとぞ》該会社ニ対シ速《すみやか》ニ現設計ヲ改メ、ガードヲ以テ本道路上ヲ通過スル様、断然御厳命被成下度《なしくだされたく》茲《ここ》ニ連署ヲ以テ謹ンデ陳情仕候。　敬具

大正十五年十二月廿日

（この後は荏原郡玉川村、同碑衾村など沿線住民の連署多数）

当時の陳情はこのように熱く訴える調子のものが目立つが、やはり坂道の途中での危険は、ブレーキが完備した性能優秀な自動車ばかりの現在の感覚で捉えてはいけない。たとえば野菜を満載した荷車を引いていて、もし下り坂の途中で停まれず線路に入ってしまった場合、どんな悲惨な結末が待っているか、考えただけでも眠れない気分になるに違いない。ちなみにこの陳情書に添付された交通量

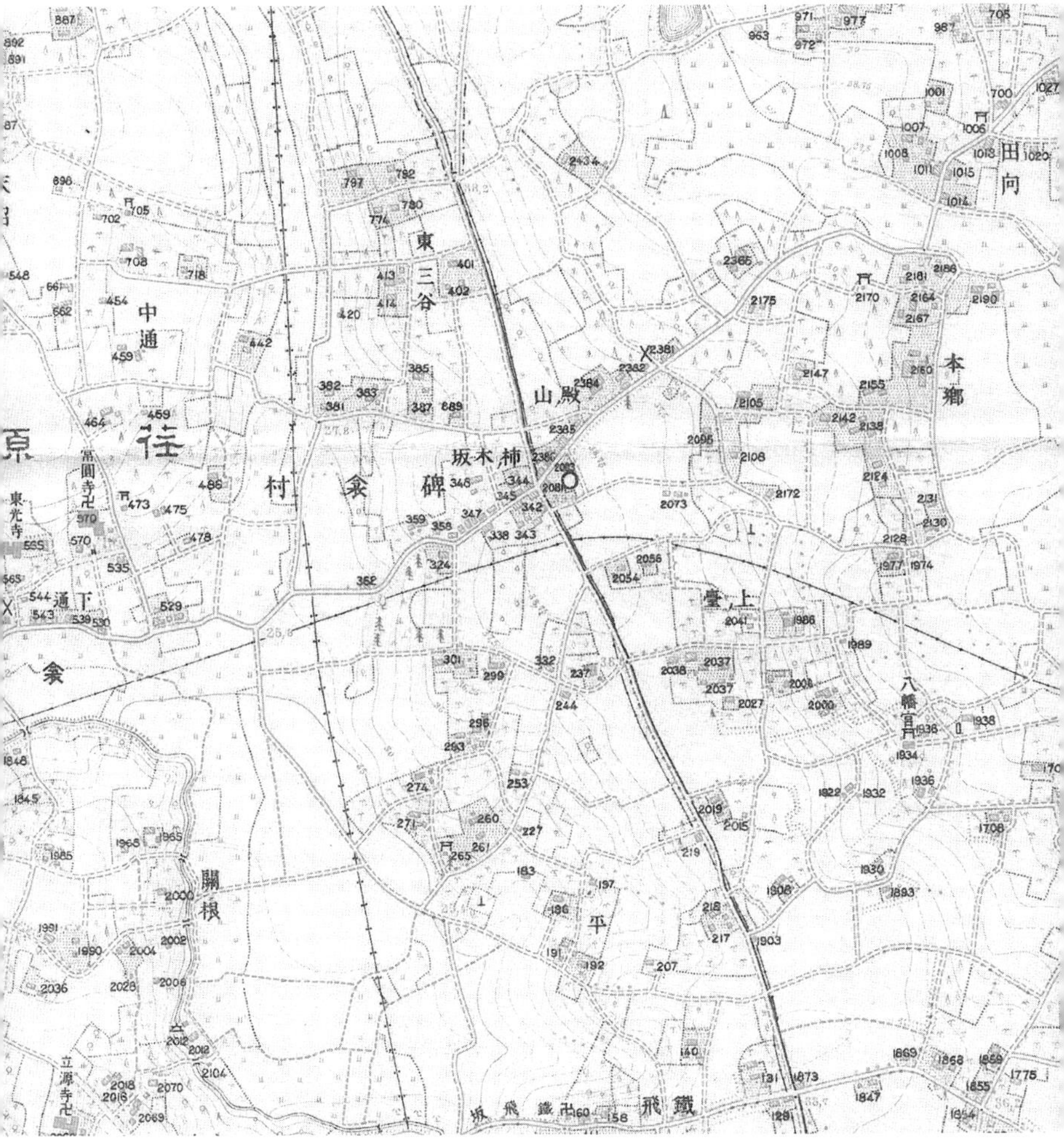

図３　改修が行なわれる以前の柿ノ木坂。1:10,000「碑文谷」大正４年修正　× 0.93

調査データ（坂上）によれば、徒歩八〇九人、自働車三六台、牛車二四五台、馬車一二台、駄馬五九頭、手車九四台、自転車一〇三台、人力車四台とあるから、現在の交通状況とは天と地ほども違う。三段落目に「本道路ハ大都市計画ノ放射路ニ予定セラレ」とあるが、現在ではその通り六車線の幹線道路・目黒通りとなっており、日夜自動車が途切れない。また幹線道路の坂道なので坂の勾配は大幅に緩く改造されている。現在の東横線はガードで上を通過しているが、これは昭和三六年（一九六一）九月に竣功した立体交差工事によるものだ。

それでは大正一五年の陳情直後の開通に向けて、東京横浜電鉄はどのように対処したのだろうか。『東京急行電鉄五〇年史』には次の通り簡潔な記述があった（陳情の一部も囲み記事として引用されている）。

地元町村との設計協議の一例をあげると、柿ノ木坂の踏切道（現在の目黒通りとの交差個所）について、鉄道省に対する地元関係者からの陳情もあったため、柿ノ木坂付近の勾配を変更し、営業開始後までに同踏切道を立体交差化することとなった。

立体交差といっても、どちらが上を通るのか五〇年史の記述ではわからないので、地形図で確かめてみよう。図4は東横線が開通して三年後の修正によるもので、道路が上を通る立体交差になっている。この図は昭和七年（一九三二）にこの地域が東京市に編入されるのを機に発行されたものなので、目黒区内となった新しい町の境界が引かれた特別版である。

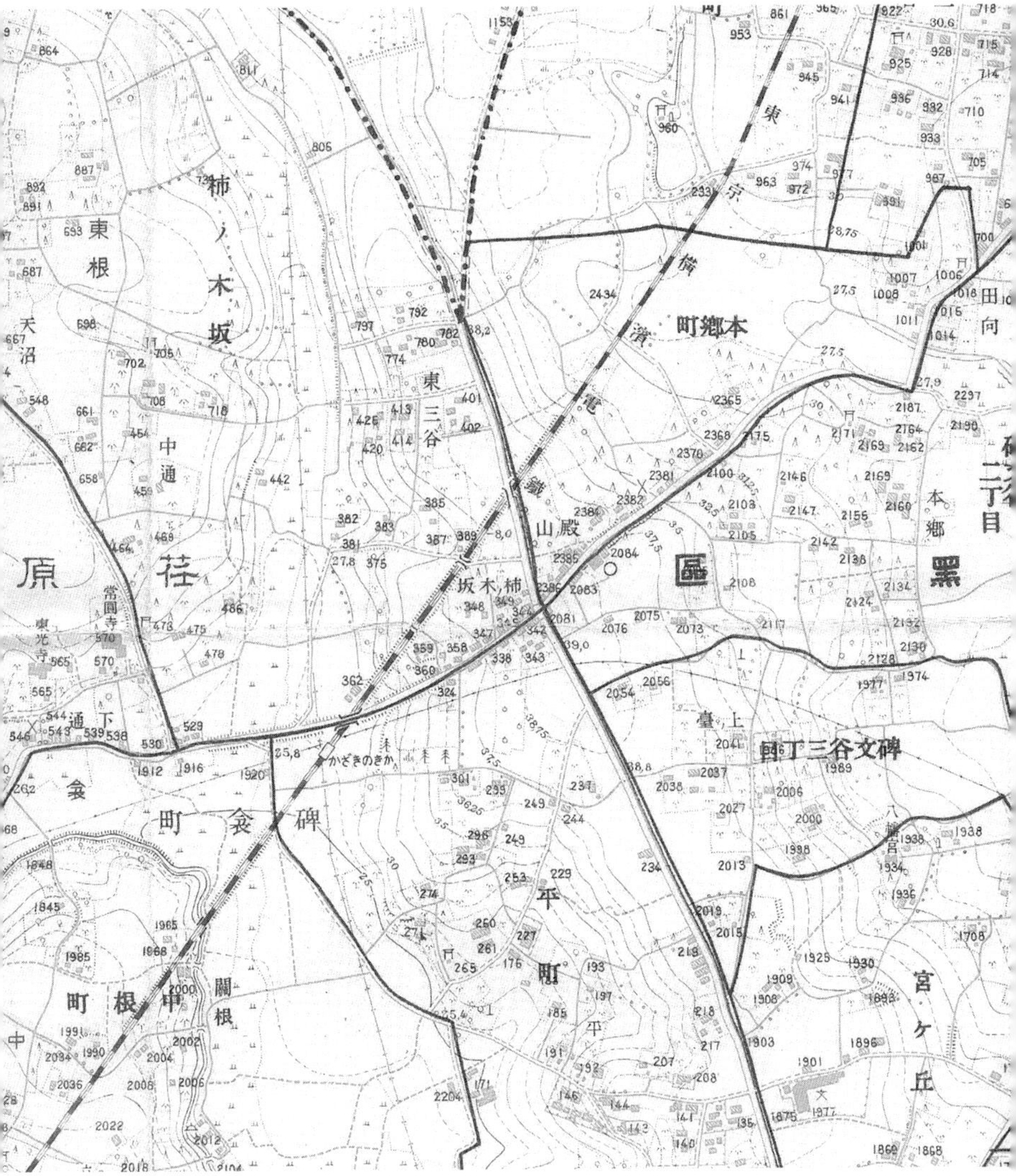

図４　柿ノ木坂の下をくぐる東京横浜電鉄。1:10,000「碑文谷」昭和５年部分修正
× 0.92

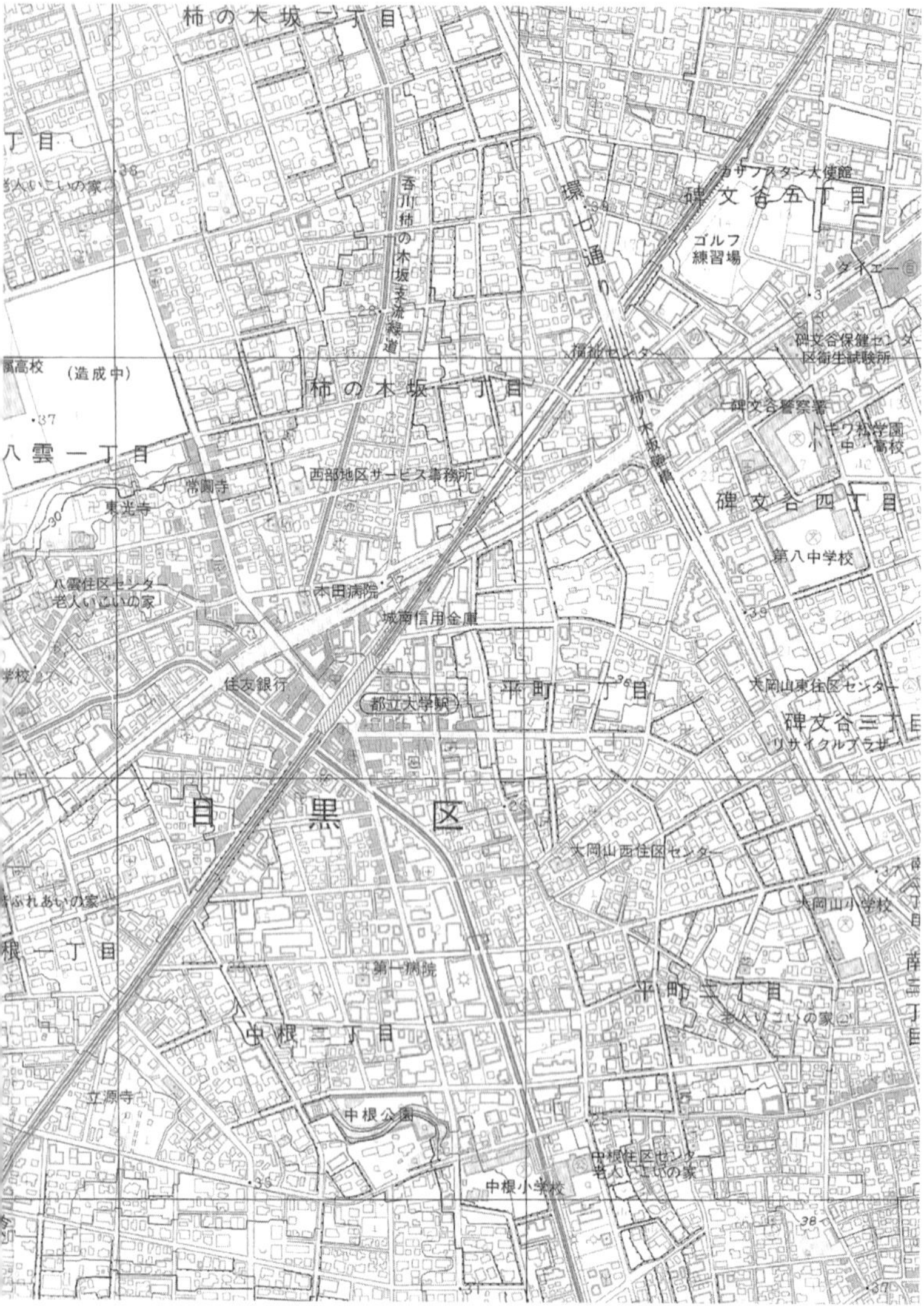
香川柿の木坂支流緑道
環七通り
カザフスタン大使館
碑文谷五丁目
ゴルフ
練習場
ダイエー
碑文谷保健センター
区衛生試験所
福祉センター
柿の木坂一丁目
（造成中）
八雲一丁目
碑文谷警察署
トキワ松学園
小・中・高校
西部地区サービス事務所
常圓寺
東光寺
碑文谷四丁目
第八中学校
八雲住区センター
老人いこいの家
木田病院
城南信用金庫
住友銀行
都立大学駅
平町一丁目
大岡山東住区センター
碑文谷三丁目
リサイクルプラザ
目黒区
大岡山西住区センター
大岡山小学校
ふれあいの家
第一病院
平町二丁目
老人いこいの家
中根二丁目
立源寺
中根公園
中根住区センター
老人いこいの家
中根小学校

図5　現在の目黒通りと都立大学駅。1:10,000「自由が丘」平成11年修正　× 0.93

柿ノ木坂駅は現在の都立大学駅で、そのすぐ北側に見える町の境界と重なる道路が、新しい柿ノ木坂である。坂道の方にガードが描かれているので、東横線がそれをくぐっているのがわかる。坂道には盛り土の記号（細かい短線）も添えられているから、従来の坂道よりある程度の高さを保ちながら坂道の勾配を緩和したようだ。

戦前というと、とかく政府や企業が住民の権利を侵害して顧みなかったような印象をもつ人が多いようだが、細かいところを調べていくと、意外にといっては先人に対して失礼ながら、丁寧な対応を行なっていることがわかる。立体交差が実現したときの住民たちの喜びの声は公文書に載るべくもないが、陳情書に署名した当時の碑衾村や玉川村の面々の安堵の表情は想像できる。ただ、その三八年後に広い大通りとの新しい立体交差が実現し、三六台ではなく、数万を数える自動車が途切れない風景が実現するなど、想像を超えることではあっただろう。

戦時態勢へ

電鉄直営の綱島温泉駅の改称

東横線には、かつて綱島温泉という駅があった。現在の綱島駅であるが、太平洋戦争まっただ中の昭和一九年（一九四四）一〇月二〇日に「温泉」の文字が外されている。『角川日本地名大辞典』でこの温泉を調べてみると、大正元年（一九一二）〜三年にかけて農業用水を得るために掘った井戸から温水が湧いたのが始まりで、昭和一〇年（一九三五）頃からは割烹旅館を中心に発展したという。もちろん場所が場所だけに火山性のものではなく、太古の昔に閉じ込められた海水が起源の「化石海水型」の鉱泉である。最盛期には約一〇〇軒が営業していたというから、なかなか繁盛していたようだ。

この隆盛のきっかけとなったのが大正一五年（一九二六）二月一四日に開業した東京横浜電鉄（現東急東横線）で、翌昭和二年（一九二七）には電鉄が駅前に大浴場を建設している。これは阪急が宝塚新温泉で手がけた大理石貼りの大浴場を思わせる。京王電気軌道（現京王電鉄）も多摩川原（現京

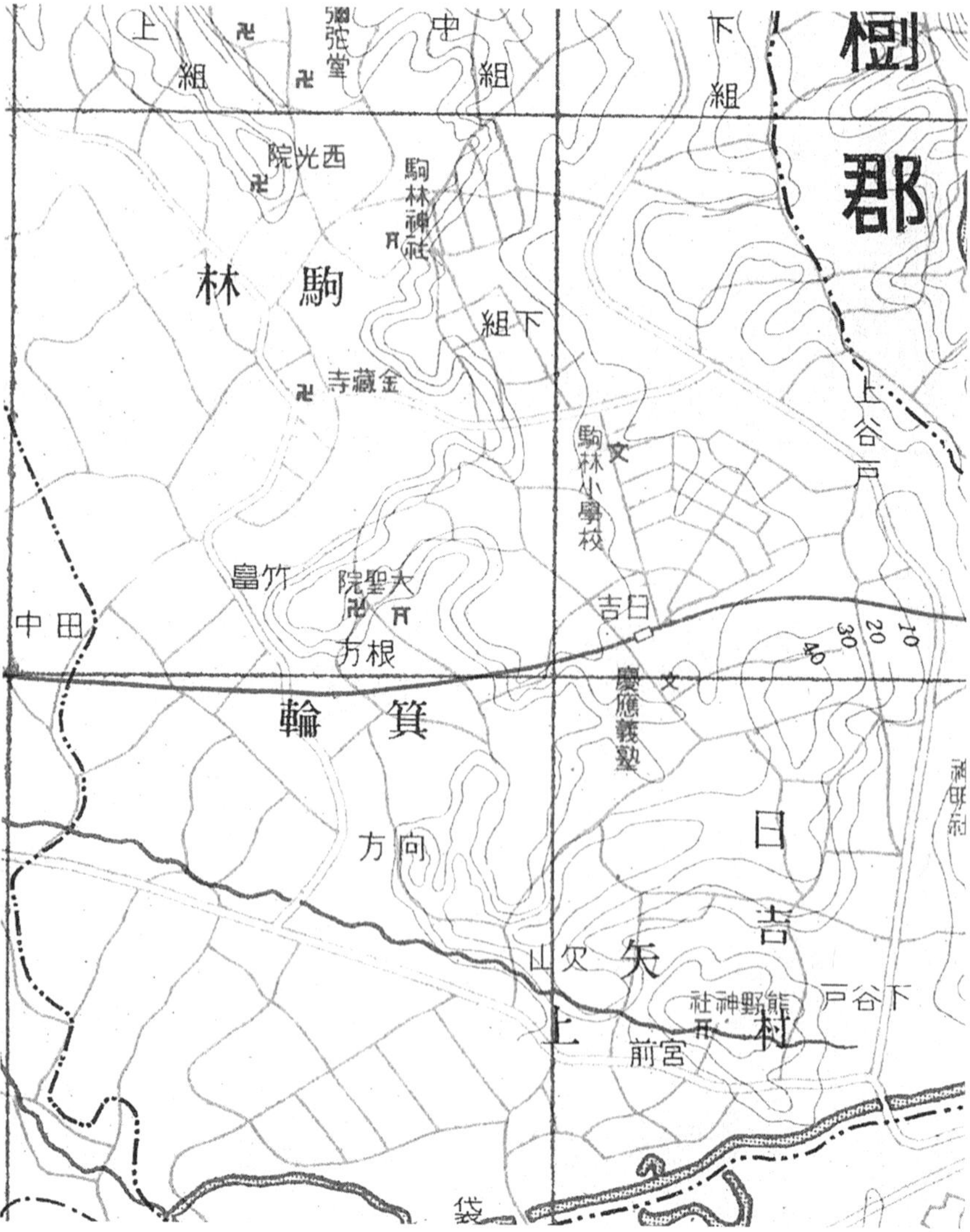

上組
中組
下組
郡
西光院
駒林神社
駒林
下組
金藏寺
駒林小學校
上谷戸
竹畠
大聖院
根方
日吉
中田
10
20
30
40
慶應義塾
箕輪
向方
日
吉
欠山
矢
上
熊野神社
下谷戸
村
宮前

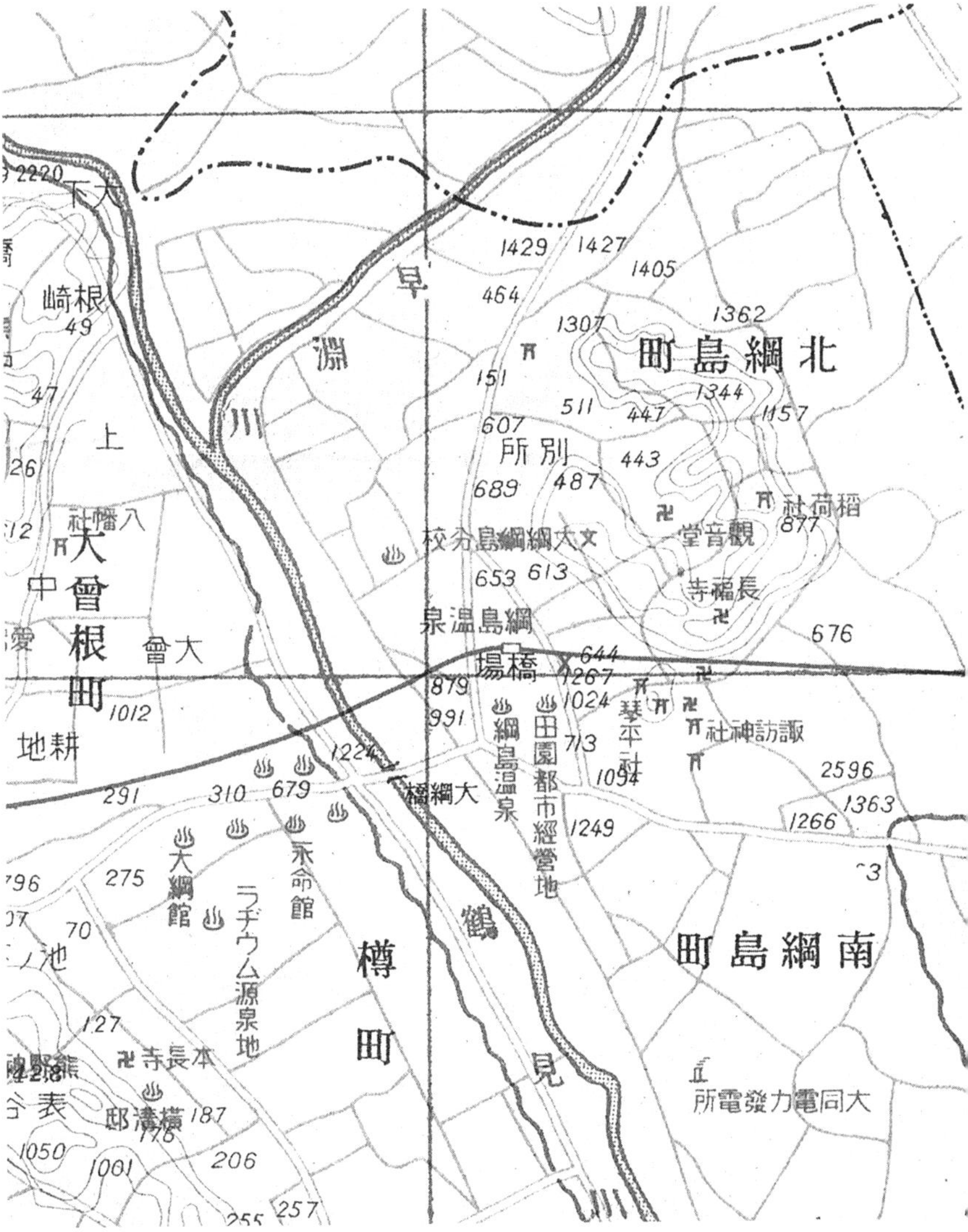

図１　駅の設置以来、広域に温泉施設が分布していた頃の綱島温泉　「新大横浜市全図」昭和10年発行　復興記念横浜大博覧会協賛会

王多摩川）駅の前に、大浴場のあるヘルスセンター「京王閣」を作っており、当時はそのような観光開発が流行していた。

図1は日吉〜綱島温泉の昭和一〇年（一九三五）の様子で、地図は西が上になっている。東京横浜電鉄の開業からは九年経っており、日吉駅の西側（図では上方）では特徴的な計画街路をもつ住宅地が建設されていた。これは青山師範（現東京学芸大学）や東京府立高等学校（現首都大学東京）などと同様、駅の東側に誘致された慶應義塾大学とセットに進められた学園都市開発である。

左ページの綱島温泉駅近くには温泉記号が数多く描かれており、温泉施設が鶴見川の南側にも広がっていたことがわかる。駅のすぐ下に見える「綱島温泉」または「田園都市経営地」は、電鉄直営の温泉だろうか。昭和二年（一九二七）四月二六日に東京横浜電鉄は小川平吉鉄道大臣宛てに次のような兼業認可申請を行ない、認められた。

> 弊社線綱島温泉駅附近ニハ「ラジュームエマナチオン」ヲ含有スル礦泉湧出致居候ニ付キ、同礦泉ヲ利用シ旅客誘致及土地開発ノ一助トシテ同駅前ニ温泉浴場経営致度《いたしたく》候ニ就テハ特別ノ御詮議ヲ以テ御認可被成下度《なしくだされたく》関係書類相添此段申請候也。

温泉街は大いに発展したが、第二次世界大戦中に駅名から温泉が外されたのはなぜだろうか。『東京急行電鉄五〇年史』の巻末にある年表を見ると、東急線内の次の五つの駅が同時に改称されている。

東横線　綱島温泉　→　綱島

大井町線　二子読売園　→　二子玉川
小田原線　鶴巻温泉　→　鶴巻
京浜線　キリンビール前　→　キリン
大師線　味の素前　→　鈴木町

戦時体制で「大東急」が誕生

説明が遅くなってしまったが、この昭和一九年（一九四四）の時点では、京浜電気鉄道（現京浜急行電鉄）、小田急電鉄、京王電気軌道（現京王電鉄）が、それぞれ東急の京浜線、小田原線、京王線などに変わっていた。これは陸上交通事業調整法に基づく、戦時における国の交通事業者の統合政策を反映したもので、昭和一七年（一九四二）五月一日に東京横浜電鉄、京浜電気鉄道、小田急電鉄の三社が合併、東京急行電鉄を名乗った。いわゆる「大東急」の誕生である。遅れて昭和一九年（一九四四）五月三一日に京王電気軌道が加わり、鉄道と軌道を合わせた営業キロは三二〇・四キロに及ぶ大鉄道会社となった。

関西では昭和一九年（一九四四）六月一日に関西急行鉄道と南海鉄道（現南海電気鉄道）が合併して近畿日本鉄道が誕生している（南海は戦後に分離独立）。それだけではなくバス会社や地方私鉄も各県内で統合が進められ、たとえば福島県内の乗合自動車一二社は昭和一八年（一九四三）に福島電気鉄道（現福島交通）に統合され、神奈川県では東海道乗合自動車や藤沢自動車などが同一九年に統合して神奈川中央交通となった。

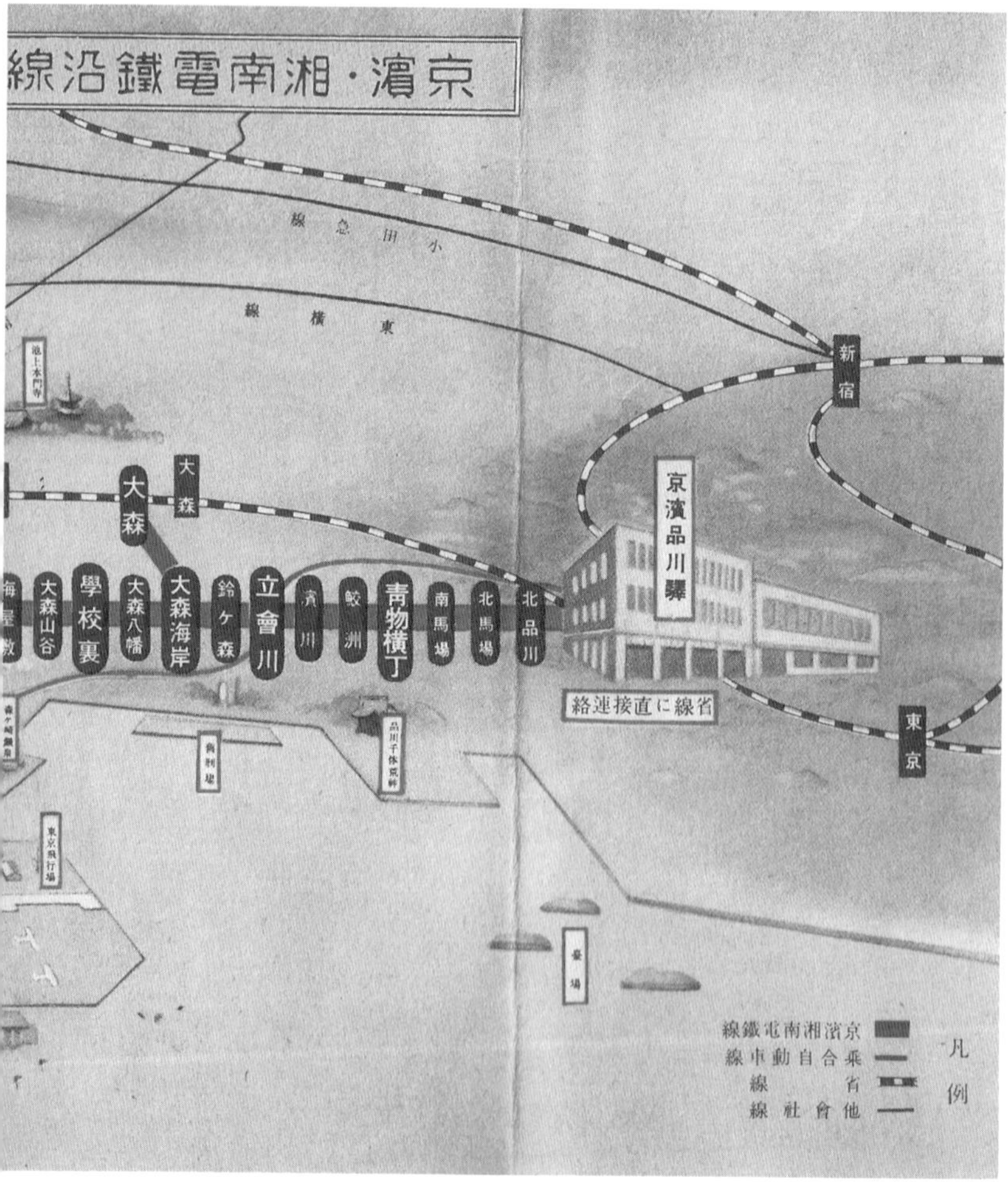
京濱・湘南電鐵沿線
小田急線
東橫線
新宿
東京
大森
大森
北品川
北馬場
南馬場
青物橫丁
鮫洲
濱川
立會川
鈴ヶ森
大森海岸
大森八幡
學校裏
大森山谷
京濱品川驛
省線に直接連絡
臺場
凡例
京濱湘南電鐵線
乘合自動車線
省線
他會社線

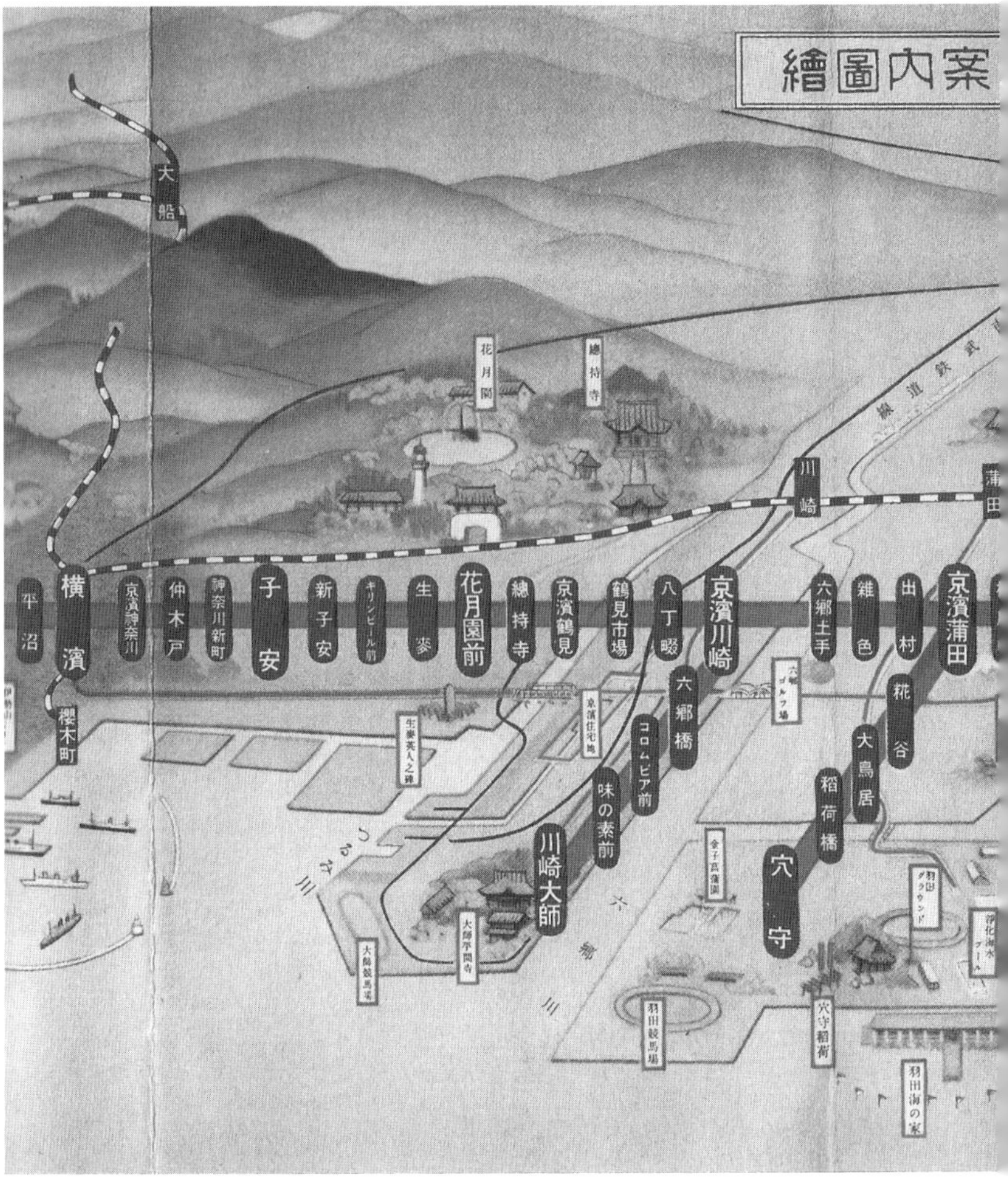

図2　昭和8年の「京浜電鉄沿線案内」に見えるキリンビール前駅

綱島温泉や東急小田原線の鶴巻温泉から「温泉」の文字が、京浜線のキリンビール前から「ビール」が外された背景には、「今はそれどころじゃないだろう」という非常時の空気――「非国民」扱いを未然に避けようとする自主規制があったのではないだろうか。「欲しがりません勝つまでは」、である。ちなみに鶴巻温泉は戦後にふたたび温泉付き駅名となったが、綱島はついに復活しなかった。キリンに至っては、ビール工場は今も健在であるものの、駅そのものは休止のまま廃止されている。

溝ノ口駅付近の工場激増と大井町線直通

改称された駅のひとつに挙げられた二子玉川は、多摩川を望む風光明媚なところで、明治末の頃から遊園地が設置されるなど、玉川電気鉄道（後の東急玉川線）が重視した観光地であったが、改称される昭和一九年ともなれば、ゆったり川魚料理を楽しむ雰囲気ではなかったに違いない。

そこから対岸の溝ノ口（現溝の口）までは大正一四年（一九二五）に開通した玉電の路面電車が二子橋を渡って往来していた。昭和二年（一九二七）には南武鉄道（現ＪＲ南武線）が開通して武蔵溝ノ口駅を設置、交通の結節点として溝ノ口の利便性は急速に上がったのである。

その一帯を占める神奈川県橘樹《たちばな》郡高津町が昭和一二年（一九三七）に川崎市に編入された後は、軍需工場の進出が目立つようになった。いずれも大工場であったために従業員が玉電の路面電車に殺到し、混雑がにわかに激しくなる。危機感を抱いた溝ノ口付近の工場は昭和一五年（一九四〇）四月五日、連名で東京横浜電鉄に対して次のような輸送力増強の陳情を行なった。

近来貴社軌道溝ノ口線沿線タル川崎市内高津及溝ノ口方面ハ軍需工場続出シ、恰《あたか》モ新工業都市ノ観ヲ呈シ、飛躍的発展途上ニ有之《これあり》。此各工場ハ目下工事中ニシテ未完成ノモノ多ク、従テ工場作業ノ開始セラレタルモノ少ク、未タ其一部数千名ナルニモ拘ラス、既ニ輸送力ニ不足ヲ告ケ、貴社「よみうり遊園」ニ子玉川駅ニ於ケル乗換ニハ朝夕名状スヘカラサル混雑ヲ来シ、或ハ「鈴なり電車」トナリ、或ハ乗リ後レ遅刻者続出シ、生産能力ニ影響スル処不尠《すくなからず》、時局柄洵《まこと》ニ遺憾ニ堪ヘス候。況《いわ》ンヤ両三年後ニ於ケル各工場完備シ、今日ニ数倍セル数万ノ通勤者ヲ算スルニ至ラハ、如何ナル結果ヲ招来スヘキ哉之ヲ予想スルタニ真ニ戦慄ヲ覚エ申候。

就テハ一日モ早ク輸送力乏シキ軌道線ヲ「よみうり遊園」駅ニテ打切リ、之ニ代リテ其ノ数倍ノ能力アル地方鉄道大井町線車両ヲ其儘《そのまま》乗入レ、溝ノ口駅迄運転セラルル外他ニ良方策無之候《よきほうさくこれなくそうろう》。従ツテ其ノ線路接続駅ノ改修、ニ子橋ノ補強、軌道線路ノ改修等ハ既ニ貴社ニ於カレテモ充分御調査御対策有之事ト存候。

右何卒至急御実施被成下度《なしくだされたし》。之ニ要スル其筋ヘノ手続及資材下付建設費等ハ、下名等応分ノ協力致ス覚悟ニ御座候間、此段陳情懇願仕候也

昭和拾五年四月五日

日本光学工業株式会社　専務取締役　波多野義男
日本通信工業株式会社　代表取締役　水上巳三郎
株式会社池貝鉄工所　専務取締役社長　池貝庄太郎

株式会社東京衡機製作所　取締役社長　片野雄二
日本鑿岩機工業株式会社　工場長　真下喜太郎
三真繊維工業株式会社　取締役　横山惣之亟
立見工業株式会社　専務取締役　折原正美
株式会社十南鉄工所　代表取締役　十南一夫
株式会社三豊製作所　専務取締役　沼田恵範
日本ヒューム管株式会社　常務取締役　松岡　敬

東京横浜電鉄株式会社
取締役社長　五島慶太殿

この切々たる陳情書にもかかわらず大井町線が溝ノ口へ直通するようになったのは、その三年後の昭和一八年（一九四三）七月一日のことである。しかし東急がサボっていたわけではないようで、『東京急行電鉄五〇年史』によれば、陳情を受けた七月には大井町線二子読売園駅と玉川線よみうり遊園駅（いずれも現二子玉川駅）の改修、二子橋の補強などを申請したのだが、工事用資材の調達が容易でないとして当局からなかなか認可が下りなかったのが原因という。

これらの工場は現在も名の知られる有力企業であるが、さすがに首都圏から工場を地方へ移す昨今の流れもあり、跡地は大規模マンションなどに転じたところが目立つ。なお現在の社名は日本光学工業がニコン、三豊製作所がミツトヨなどと一部改称されている。陳情書の末尾に見える日本ヒューム管の工場は、南武鉄道（現JR南武線）武蔵溝ノ口駅の隣の津田山駅前にあり、駅が設置された昭和一六年（一九四一）の時点では「日本ヒューム管前」と称していた。

陳情書の四社目に「東京衡機製作所」とあるが、同社ホームページによれば大正一二年（一九二三）の操業開始時から「東京衡機製造所」だったようだ。また、陳情書の引用中、陳情者の二番目に掲げられた株式会社池貝鉄工所の「専務取締役社長」とあるのは公文書の記載の通り。ついでながら「みぞのくち」の漢字表記は東急の駅が「溝の口」、南武線が「武蔵溝ノ口」、住居表示が「溝口」と三通りあってややこしい。

溝口の変貌と近現代の日本

図3〜5は昭和初期から現在までの一万分の一地形図を時代順に並べたものだ。図3は大山街道（矢倉沢往還）に沿って家並みが続く宿場町からそれほど変わっていない印象で、宿場の町並み以外の低地はほとんど田んぼであったことがわかる。玉川電気軌道の電車はその田園風景の中の専用軌道をのんびり走っていたのだろう。

これに対して輸送力増強で大井町線の一部となった後の図4では、図3で広がっていた田んぼに大工場がいくつも進出したことがわかる。これらが昭和一三年〜一七年頃に勢揃いしたのだから、実に急速な工業都市化だ。図5は最新の地形図であるが、この区間の大井町線は田園都市線となり、今では東京近郊で「住みたい街」のトップクラスに挙げられる東急多摩田園都市の住民を、混雑もトッ

図３　玉川電気鉄道、南武鉄道いずれも開業間もない頃の溝口　1:10,000「溝口」昭和４年測図　× 0.9

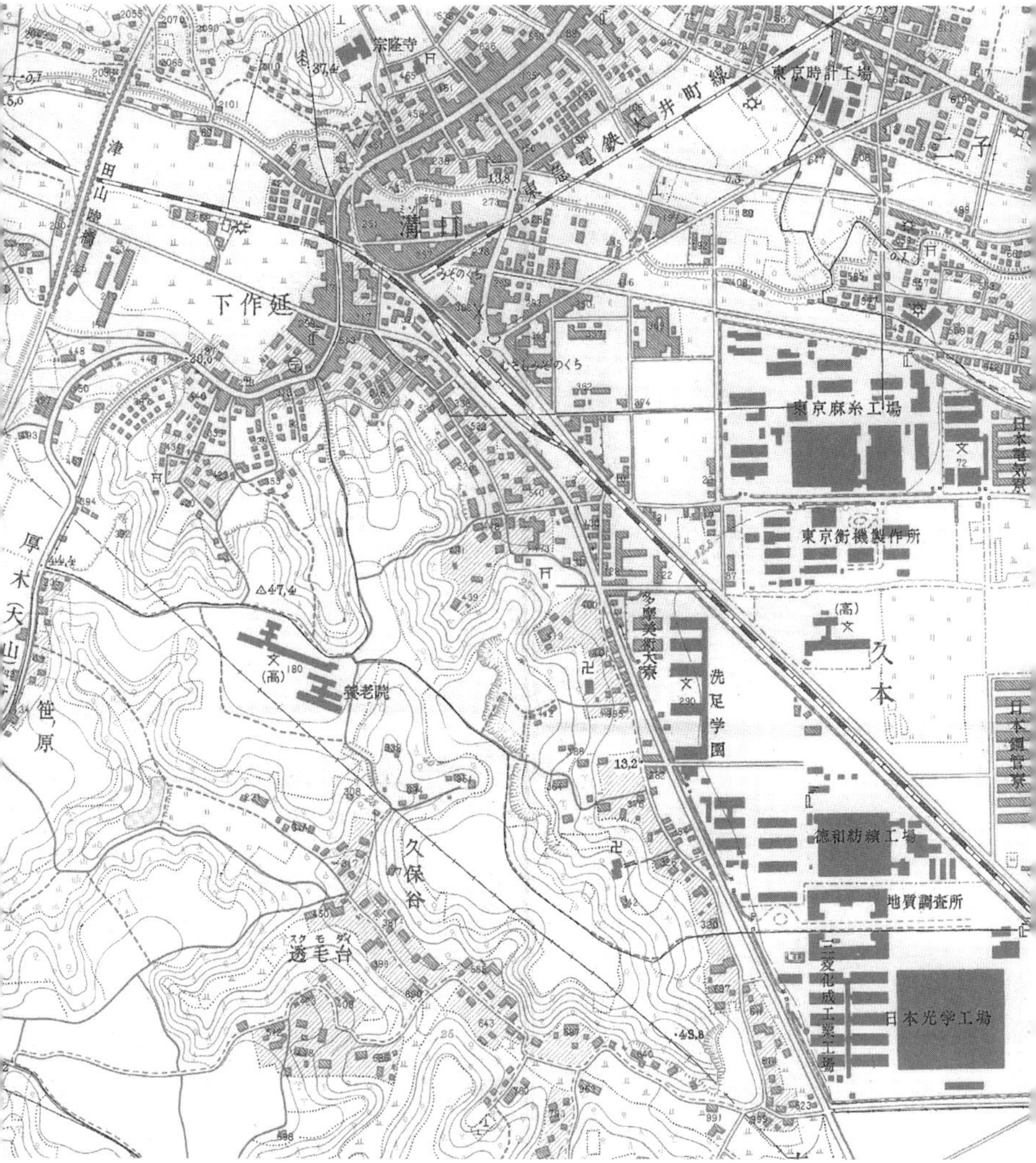

図4　戦時中に多くの軍需工場が進出した後の溝口　1:10,000「溝口」昭和30年修正 × 0.9

プクラスの電車で毎日都心方面へ運んでいる。

二子玉川止まりであった大井町線は溝ノ口乗り入れから二三年後の昭和四一年に溝ノ口～長津田間を開業、この時に二子橋での道路との併用軌道を廃して下流側に複線の専用鉄橋を建設した。長津田延伸の三年前にあたる昭和三八年（一九六三）には多摩田園都市への延伸に先行して「田園都市線」と改称され、大井町線の名前は一時消滅する。

その後は新玉川線（現田園都市線の渋谷～二子玉川間）の開通により田園都市線の電車が渋谷へ直通するようになるため、大井町～二子玉川園（現二子玉川）間は一六年ぶりに大井町線の呼称が復活した。そして平成二一年（二〇〇九）に二子玉川～溝の口間の複々線化が完成、大井町線の電車系統は四六年ぶりに多摩川を渡ることになったのである。

溝ノ口駅の近くにあった工場群は多くが撤退し、その跡地は洗足学園大学をはじめとする学校やショッピングセンター、マンションなどに姿を変えた。今や渋谷から急行でわずか一三分という利便性に見合った土地利用に転換されたということである。

農村・宿場町から工業都市への急速な転換、そしてマンションが林立する現在。溝口の変化は、まさに近現代の日本のたどってきた足跡を象徴するかのようだ。

図5　平成の溝口　1:10,000「溝口」平成12年修正　× 0.88

樺太
北海道
函館
青森
太平洋
仙台
岩沼
水戸
友部
宇都宮
日光
高崎
小山
新宿
渋谷
祐天寺
祐天寺
競馬場
目黒不動
不動の滝
不動前
目黒
品川
二ノ橋
日比谷
東京
神田
上野
日暮里
大宮
両國
千葉

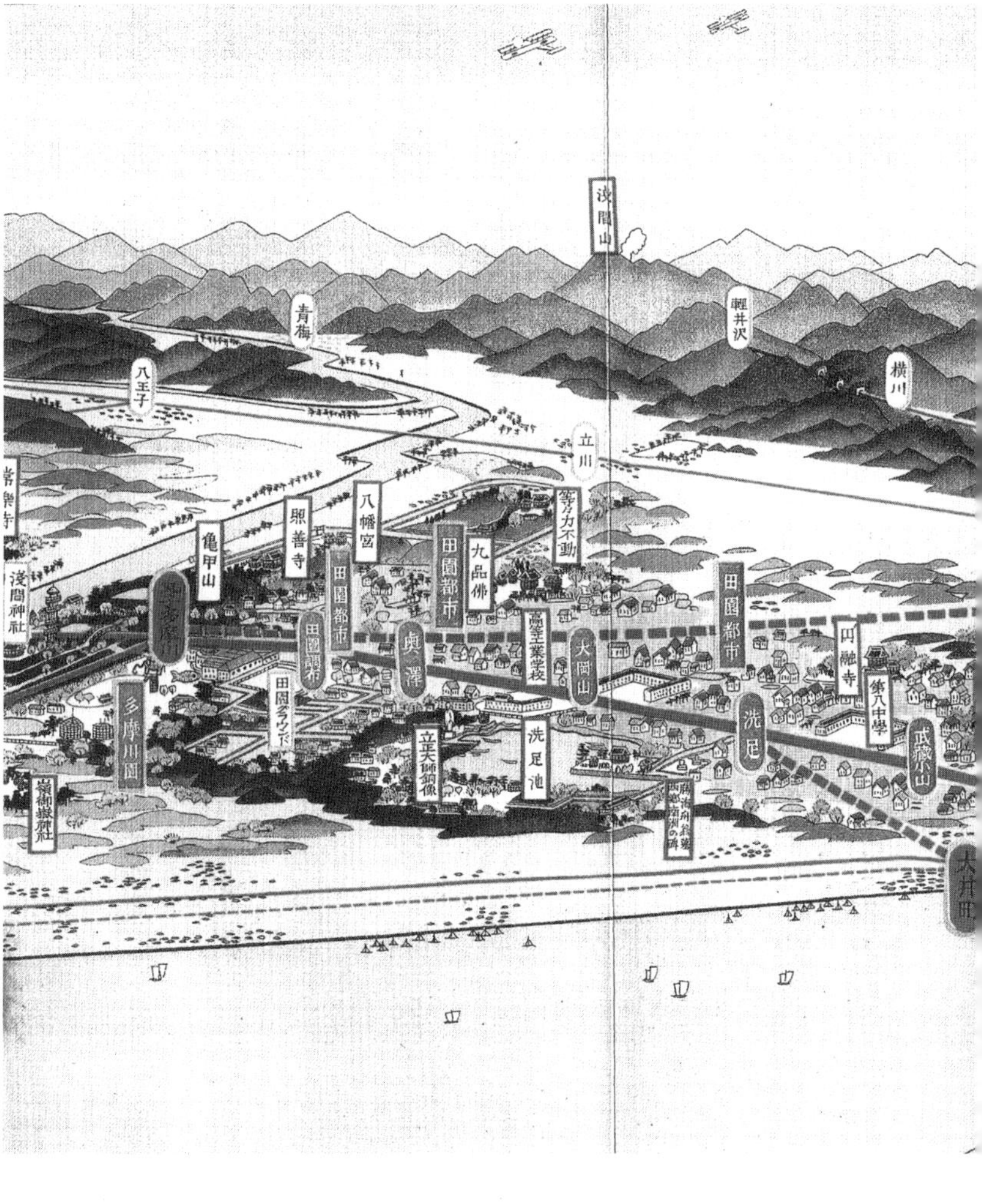

『目黒蒲田東京横浜電鉄沿線案内鳥瞰図』（吉田初三郎）
大正 15 年発行（横浜都市発展記念館蔵）

御嶽山
甲府
高尾山
蟬丸神社
影向寺
常楽寺
金蔵寺
下田地蔵尊
田園都市
西明寺
綱島温泉
田園都市
田園都市
田園都市
田園都市
日吉
元住吉
新丸子
綱島温泉
観音松
丸子園
神明山
諏訪神社
加瀬山夢見崎
丸子の渡
鵜ノ木
沼部
新田神社
矢口の渡
原村の梅林
下丸子
光明寺
武蔵新田
総持寺
矢口
本門寺道
慶應大学グランド
本門寺
蒲田
川崎大師
穴守稲荷

『目黒蒲田東京横浜電鉄沿線案内鳥瞰図』（吉田初三郎）
大正 15 年発行（横浜都市発展記念館蔵）

小田急
電鉄
蓑毛
大倉
傷痍軍人療養所
弘法山
比々多神社
鶴巻温泉
四十八瀬川
栢山
新松田
澁澤
大秦野
大根
鶴巻温泉
二宮尊徳誕生地
曽我兄弟墓
曽我梅林
丹澤の家
白笹稲荷
震生湖
金目ノ櫻
國府津
大磯
茅ヶ崎
相模川
海水浴場
江ノ島
江ノ島神社
稚児ヶ淵
龍窟

地下鉄道から郊外へ

小田急のルーツ・東京高速鉄道

東京メトロで二番目に長い歴史をもつ丸ノ内線は、池袋〜御茶ノ水〜東京〜銀座〜霞ヶ関〜赤坂見附〜四ツ谷〜新宿〜荻窪というルート（および中野坂上〜方南町の支線）で都心部にUの字を描いてぐるりと巡る路線である。とにかく人の流れが多い区間ばかりを選んで走っているため、ラッシュ時には約二分間隔、昼間でも約四分間隔と電車の往来は実に頻繁だ。

実は戦前、それも大正時代にこの経路に酷似した地下鉄を計画した会社があった。東京高速鉄道である。経路は新宿〜四ツ谷〜桜田門〜日比谷〜東京駅〜万世橋〜大塚というもので、申請書に記された全線の距離は八マイル六〇チェーン（約一四・〇八キロ）。丸ノ内線と違って終点が池袋ではなく大塚であることもあって、丸ノ内線池袋〜新宿間の一六・六キロより短いが、関東大震災前のこの時期でも、同じような場所を経由することが最も効率よく集客できるルートだったのである。

東京高速鉄道株式会社の発起人総代は利光鶴松《としみつつるまつ》であった。利光は文久三年（一八六三）に大分県稙田村《わさだ》（大分旧市街の南方、大分光吉インター付近）の農家に生まれたが、勉学への思い断ちがたく上京、明治法律学校（現明治大学）を出て代言人（弁護士）になったのが二三歳の時である。その後政界に転身して東京市会議員を経て明治三一年（一八九八）に衆議院議員となった。まだ三四歳の若さである。

しかし事業家として活動を始めたのはそれに先立つ日清戦争直後の明治二七～二八年のことで、まず有志とともに東京市内の馬車鉄道（すでに東京馬車鉄道が存在したが）の創設を図っている。後に当時欧州で新しい形の市内交通機関の動力方式として注目を集めていた「圧搾空気鉄道」に切り替えた。結局これは実現しなかったが、若い頃から近代的都市交通に関心を抱いていたことが窺える。

その後は明治四三年（一九一〇）に小田急の親会社となる鬼怒川水力電気を創立した。長距離送電が実現したばかりの当時、水量豊富な河川の流域に発電所を設けて大都市へ送電する事業が各地でいくつも始動していた時期である。

利光鶴松が創立発起人として大正八年（一九一九）一月八日に提出した東京高速鉄道の免許申請書は次の通り。

東京高速鉄道敷設免許申請書
私共儀、今般東京市内ニ於ケル交通便益ノ為メ、新宿ヲ起点トシ鉄道院線大塚停車場付近ニ到ル区間ニ地方鉄道法ニ拠リ地下式電気鉄道ヲ敷設シ、以テ旅客運輸ノ業ヲ営ミ度（た）ク候間、右敷設ノ儀免許被成下度（なしくだされたく）、起業目論見書、敷設費用概算書、運送営業上ノ収支概算書、線路予測図並ビニ仮定款謄本相添へ、此段申請候也。

大正八年一月八日

東京高速鉄道株式会社創立発起人

東京府荏原郡大崎町大字上大崎字中丸

四百四拾四番地　利光　鶴松

（以下、発起人八人　住所氏名略）

内閣総理大臣　原　敬殿

このうち「新宿ヲ起点トシ鉄道院線大塚停車場付近ニ到ル区間ニ地方鉄道法ニ拠リ地下式電気鉄道ヲ敷設シ」という部分は、最初の申請では「日比谷公園東隅ヲ起点トシ鉄道院線渋谷、新宿、池袋、上野ノ各停車場付近ニ到ル区間ニ軽便鉄道法ニ拠リ高架線電気鉄道ヲ架設」とあった。要するに現在の山手線電車に似たルートを、しかも高架線で建設する計画だったのであるが（当時の山手線はまだ環状運転を行なっていない）、他に二社が同様のプランを申請し、一部区間が重複するなどしたため、鉄道院が調整したものである。

これに続く「起業の理由」というのが当時の状況をわかりやすく説明しているので、引き続き引用する。

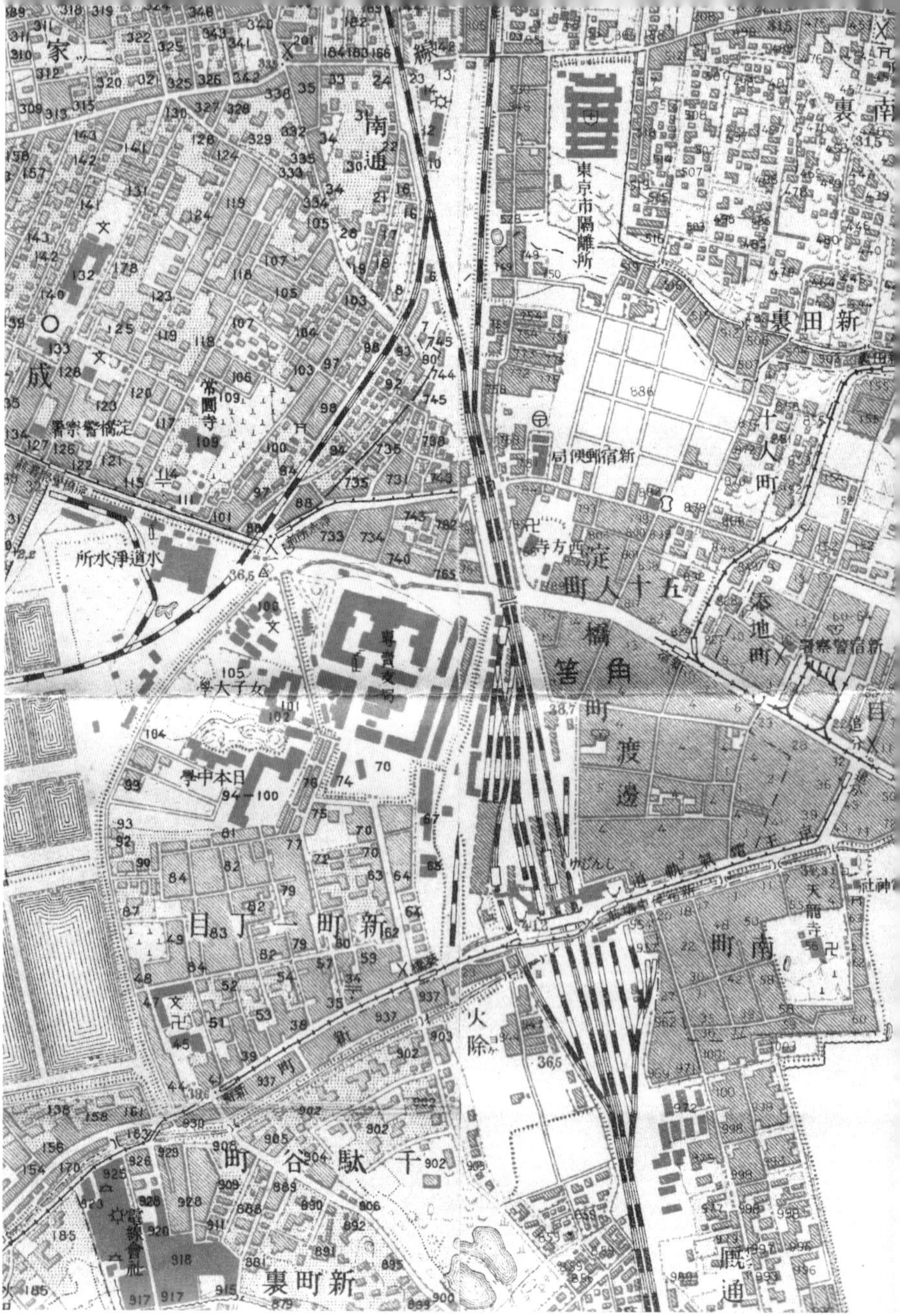

図１　大正五年の新宿駅付近（西口から西側は同 10 年）。1:10,000 地形図「四谷」大正 5 年修正＋「中野」大正 10 年修正　× 1.08

本起業ノ主タル理由トシテハ、東京都市ノ発達ニ伴ヒ、都人士ハ熱閙《ねっとう》（＝人の混み合って騒がしいこと）ナル都市ノ中心ヲ離レ、市ニ接近スル郡部ニ居住ヲ移シ、朝夕交通機関ヲ利用シテ市ノ中央ニ来《きた》リ、職業ニ就クコト、ナルベク、尚ホ商工業ノ発達ハ益々多数ノ人ヲ都下ニ集中シ来タラシメ、其結果都市及其付近ハ人口激増シ、一人当リ交通度数益々増加シ、之ガ為メ都市ノ内外ヲ連絡シ、且ツ市ノ中央ヲ貫ク高速交通機関ヲ要求スルニ到ルコト、ナルナリ。

現ニ一般市民ハ目今利用シツ、アル市内ノ地上電車ノ外ニ適当ナル高速度交通機関ノ出現ヲ期待シツ、アルノ情勢ナリ。欧米ニ於ケル路面電車乗客ノ乗車スル距離ハ壱哩《マイル》内外、多クテ弐哩ヲ出《い》デス。其以上ハ高速度電車ヲ利用スル習慣ナリ。然ルニ現今東京市内路面電車ニ於ケル壱人ノ乗車哩ハ四哩ナレバ、高速度交通機関ノ設置ハ焦眉ノ急ニ属スルモノナルベシ。是ヲ以テ同志相図リ、堅実ナル決意ヲ以テ此要求ニ応ゼンコトヲ期シ本起業ヲ計画セルモノナリ。

郊外電車の黎明期

大正八年（一九一九）といえば第一次世界大戦が終わった翌年であるが、ヨーロッパが主戦場になったため欧州各国の工業生産力は落ち、ここにうまく進出したのが新興国・日本であった。これまで欧州が握っていたアジア市場をたちまち席巻していく。生糸をはじめとする繊維産業はもちろん鉱業、造船や軽工業分野、それに貿易関連などで業績が著しく上がり、工場労働者需要は激増した。

これに伴って特に京浜や阪神などの大都市圏で労働者が目立って増える。サラリーマン層の急増は郊外の住宅需要を高め、電車で通勤するライフスタイルが定着していく。先へ話を飛ばせば、それ

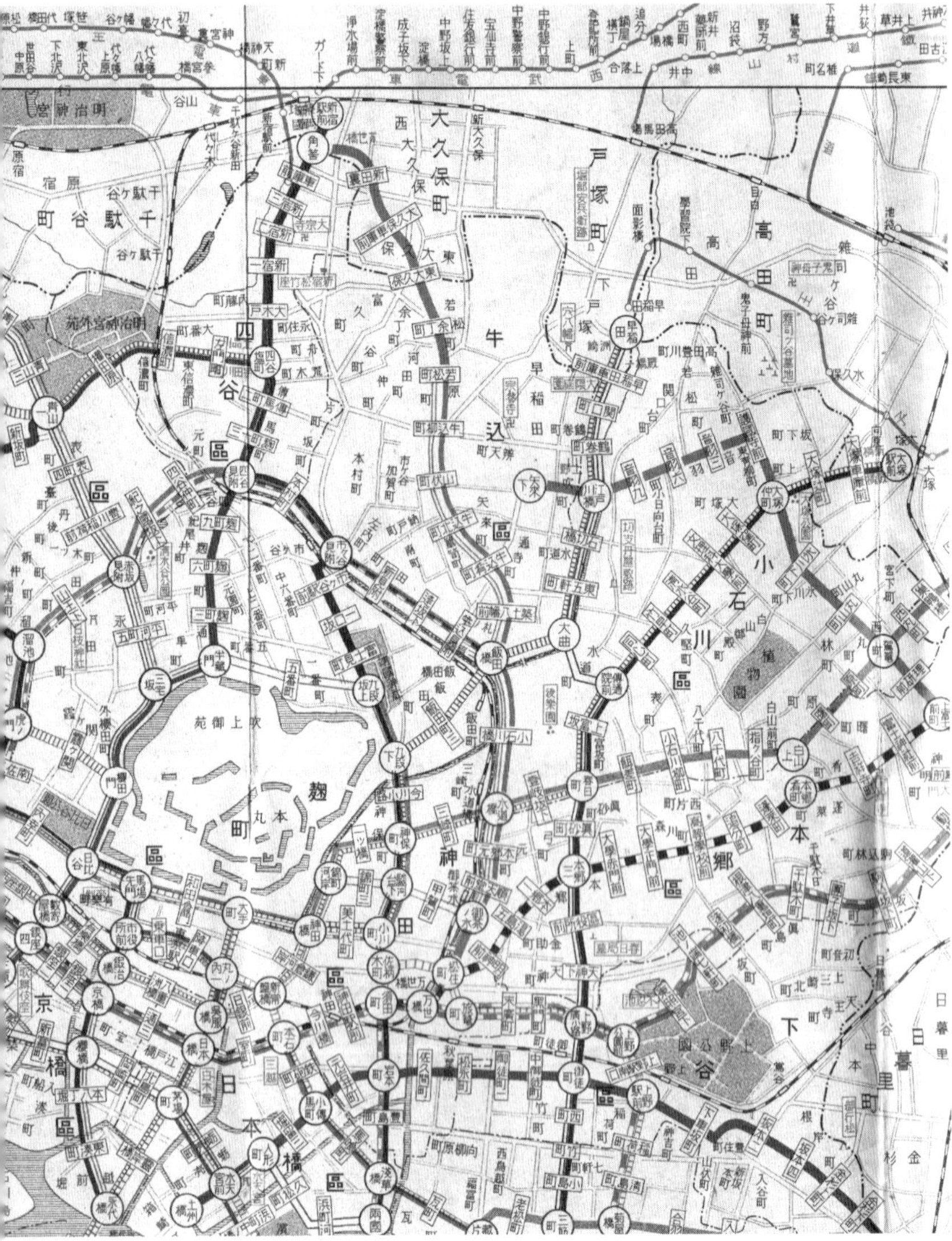

明治神宮
明治神宮外苑
千駄ケ谷町
大久保町
戸塚町
高田町
牛込
四谷区
小石川区
麹町区
吹上御苑
神田区
本郷区
下谷区
上野公園
日暮里町
日本橋区
京橋区
植物園
後楽園

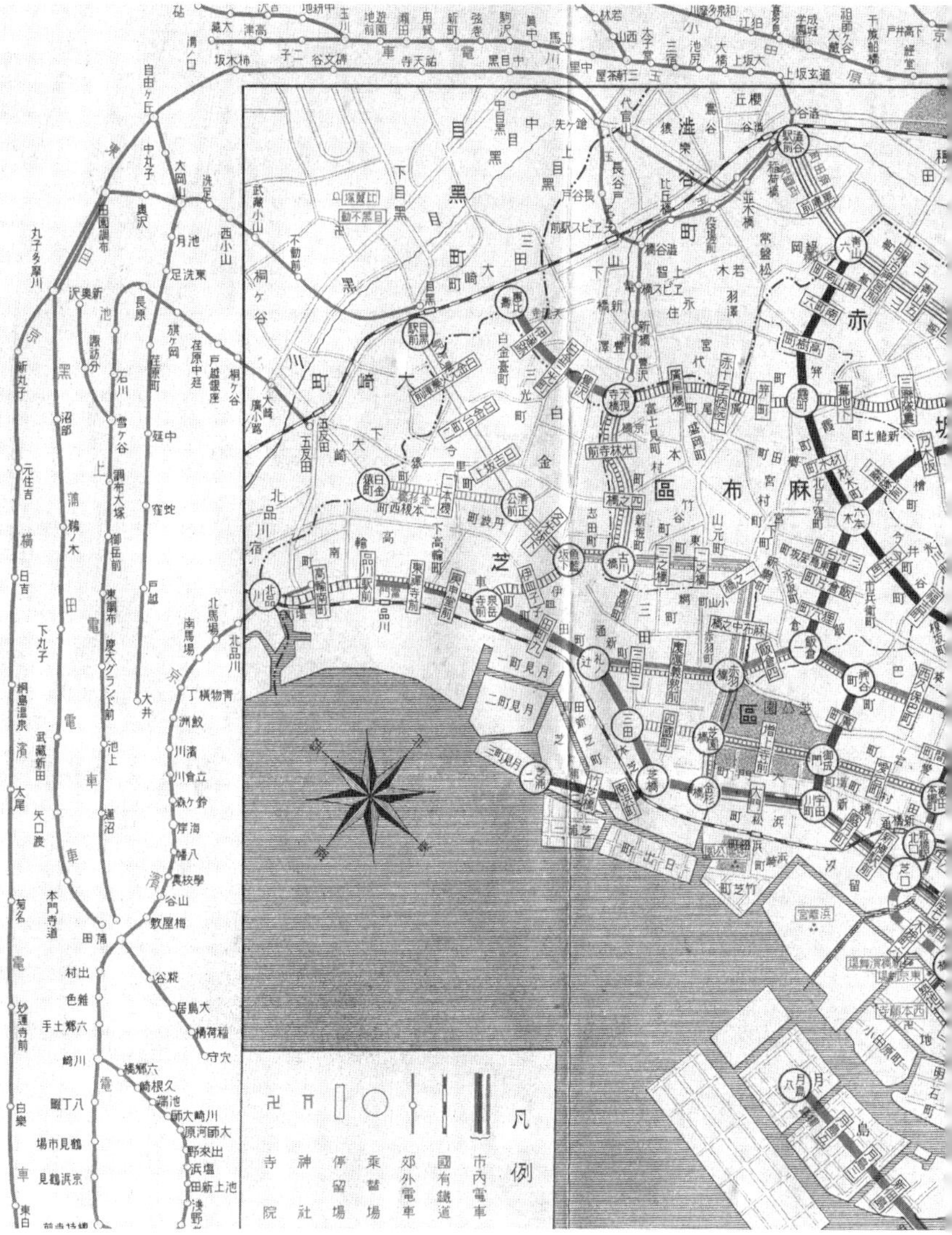

図２　市内と市外で経営主体が異なっていた電車の路線網　昭和６年発行「復興完成東京電車案内図」文彰堂

をさらに加速させたのが、大正一二年（一九二三）の関東大震災後に広まった「郊外志向」である。

このような背景のもと、都心部における地下鉄の整備はまったく時宜にかなったものであることは確かだが、東京市は従来から市内（旧一五区）の公共交通の一元的な支配にこだわっており、時期によりその温度差はあれ、原則としては東京市域に私鉄が立ち入るのを拒否してきた。都心へ少しでも進出したい私鉄に対抗して市営地下鉄の建設も計画されたが、資金難などで実現していない。

ただ、東京市会（市議会）は市内への私鉄進出に賛成していた時期もあり、鉄道院もこれを受けて東京高速鉄道に免許を与えたのである。しかし掘削した残土の捨て場を市ヶ谷あたりの外濠とし、埋立地に宅地を造成してモトをとるという計画に内務省が難色を示した。この時に内務省がこの申請をすんなり通してしまっていたら、今頃は飯田橋から四ツ谷にかけての風格ある車窓風景も見られなかったはずだが、このようにして暗礁に乗り上げているうちに経済状況が悪化し、日本初の地下鉄計画は完全に止まってしまった。

ちなみにこの時期の東京市域は、面積でいえば現在の二三区の五分の一程度に過ぎないエリアで、現在の千代田・中央・港・台東・文京のいわゆる都心五区の他、新宿・墨田・江東のそれぞれ一部を加えたに過ぎず、現在新都心もしくは副都心の中心たる新宿駅や渋谷駅、それに池袋駅などはいずれも郡部にあった。

図2は東京市が大拡張する前年、まだ、旧一五区の時代であった昭和六年（一九三一）に発行された「東京電車案内図」であるが、系統別に色分けされた東京市電の路線の大半が市と郡の境界である二点鎖線の下側（東側）にあり、その上側（市外）には赤線で示された私鉄が路線を伸ばしており、

政策的な「棲み分け」が行なわれていたことが明瞭に読み取れる。

たとえば新宿駅から荻窪方面へ伸びる西武電車（後の都電「杉並線」）や、渋谷から天現寺橋（現広尾付近）に至る玉川電車（玉川電気鉄道。昭和一三年に東京横浜電鉄＝現東急に合併）、新宿から西へ向かう京王電気軌道（現京王電鉄）が市域の外にあるのに対して、市電の路線は原則として市内から出ず、国鉄の駅を結ぶため例外的にはみ出しても停留場二つ分程度であったことがわかる。

地下鉄から小田原への高速電車に変更

地下鉄計画が行き詰まった利光鶴松は、地下鉄から郊外電車へと方針転換をする。「書類的」には東京高速鉄道の地下鉄からの「延長線」という名目である。とにかく新しいタイプの高速電気鉄道への思い入れは大きかったようで、関東ではまだ存在していなかった本格的な――後に八二キロ余りの全線を一挙に開業し、しかもその年の終わりまでには全線複線化を達成することになるが――これまでとはスケールの違う高速電気鉄道を目指していた。もちろん自らが経営する鬼怒川水力電気の安定した電力供給先の確保という側面も併せ持っていたのは言うまでもない。

「延長線」の名目とは裏腹に、実際はまったく別個の鉄道計画であったことは、軌間ひとつとっても明らかだ。計画された地下鉄の軌間が四フィート八インチ半（一四三五ミリ）であったのに対し、「延長線」の方は国鉄と同じ三フィート半（一〇六七ミリ）と異なった。国鉄と同じ軌間であれば、地方鉄道として国の補助金を受けられる可能性があるためである。今でこそ都市化が進んだ沿線であるが、当時は厚木や秦野などの小市街地を除けばどこまでも続く田園風景の中を突っ走る存在であったのだから当然だろう。
「高速度電気鉄道敷設免許申請書」を引用する。

現今東京ヨリ厚木地方ヲ過キ小田原方面ニ到ル沿道ノ地域ハ文明的交通ノ便全ク欠如シ、時運ノ発展ニ伴ハサル状態ニ有之《これあり》。依テ今回東京ヨリ小田原ニ至ル高速度電気鉄道ヲ計画シ、公衆ノ利便ヲ図リ申度候間《もうしたくそうろうあいだ》、右敷設ノ儀免許被成下度《なしくだされたく》、付属書類及図面相添へ此段奉願《ねがいたてまつり》候也。

大正九年八月廿四日

東京高速鉄道株式会社発起人

（住所略）利　光　鶴　松

「線路の起点、終点およびその経過地名」は次の通り記されている。

既免許線ノ終点、東京市四谷区新宿三丁目九番地々先ニ起リ、官線山手線ノ下ヲ過キ幡ケ谷《はたがや》本村《ほんむら》、砧《きぬた》村ヲ経テ登戸渡《のぼりとのわたし》付近ニ於テ多摩川ヲ渉《わた》リ、原町田、厚木町、伊勢原町、秦野町ヲ経、松田町ヲ通リ、小田原町裏町（官線小田原停車場付近）ニ至ル線路　此距離　四拾七哩弐拾鎖

当初は既免許線からの「延長線」という建前なので、この時には伊勢丹の東側（新宿三丁目駅C2出口付近）が起点になっている。砧村は現在の世田谷区砧とは必ずしも一致せず、喜多見、大蔵など

を含む広域の行政村名だ。その先の登戸渡は当時の渡船場であるが、時代を感じさせる。多摩川を下る筏師たちが青梅方面へ帰る途中に宿泊した「筏宿」として繁栄した町であった。

すでに免許を受けた地下鉄の完成を待たずに小田原へ「延長線」の建設を決断した理由を次のように記している。本線もまだ着工していないのに新規に延長線を申請することに対して不安視しないでほしいという言明だ。


私共儀去大正八年一月高速鉄道敷設之儀ヲ出願致シ、大正九年三月十七日付ヲ以テ免許状御下付相成リ、更ニ同年八月廿四日付ヲ以テ東京・小田原間ニ高速電気鉄道敷設之儀ヲ出願致シ、目下御詮議中ニ御座候処、竊《ひそ》カニ考フルニ私共カ曩《さ》キニ免許相受ケ候市内線ニ未タ着手セスシテ重ネテ小田原線ヲ出願致シタルハ、或ハ無責任ノ行為ナルカ如クニ相見へ候哉《そうろうや》モ難計《はかりがたく》、茲《ここ》ニ一応私共ノ所信ヲ開陳仕候《つかまつりそうろう》。

申ス迄モ無之候得共《これなきそうらえども》、事業遂行上ニ必要ナルハ資金ト設計トノ両者ニ有之。資金ノ点ニ関シテ広ク発起者ヲ東京・大阪・京都・神戸・新潟ノ各府県ヲ初メ、全国各地ニ集メテ其準備ヲ整へ、設計ノ事ハ工学士吉村恵吉氏ヲ担任技師トシテ之レカ責任ノ衝ニ当ラシメ、今日ニ至ルマテ其調査ヲ続行致居候。

然ルニ昨年三月御許可ヲ受ケタル当時ヨリシテ一般経済界ハ恐慌ノ状態ニ陥リ、其動揺ハ月日ヲ経ルト共ニ益々激甚ヲ来タシ、左ナキダニ我国最初ノ試ミトシテ世人ノ脳裡ニ多少疑惧ノ念ヲ懐《いだ》カシメントスル地下鉄道ノ如キ至難ノ事業ヲ此財界混乱ノ真最中ニ企画セントスルカ如キハ、真ニ責任ヲ重ンスルモノ、思慮スヘキコトナリト相考へ、他面本工事実行上ニ就キ最モ大切ナル地下堀鑿《ママ》土ノ唯一ノ捨場タル外濠埋立ノ件ハ、東京府及東京市ニ於テハ全然同意ヲ表シタルモ、内務省ニ於テ今尚ホ御詮議中ニ有之《これあり》。本問題ニシテ何等カノ解決ヲ得サレハ計画ノ基礎相立チ不申《もうさず》、旁々《かたがた》会社創立ノ時日ヲ相延バセ申候。

とにかく日本最初の地下鉄事業であるから、掘ってみないとわからない面もあり、出資者にも不安があるだろう。それをわざわざ不景気の真っ最中にやるわけにもいかない。しかも内務省が外濠の埋立に難色を示している。

（承前）然ルニ近日ニ至リ吾《わが》金融界モ漸ク安定ノ時機ニ相近ツキ候様《そうろうよう》認メラレ候ニ付、此際内務省ノ御意向ヲモ相伺ヒ候上、万一該埋立ノ不可能ナル場合ハ更ラニ之レニ代フル計画モ相立チ、会社創立ニ着手致度《いたしたく》、就而《ついて》ハ此際何卒特別ノ御詮議ヲ以テ小田原線敷設ノ儀、御許可相蒙リ度。幸ニ御許可ノ上ハ彼此相俟ツテ工事上ニ多大ノ便益ヲモ得ラルヘクト確信仕候。茲《ここ》ニ所信開陳旁重テ御願申上候。

追而《おつて》私事従来御許可相蒙リ候事業ニ付実行セサリシモノハ一モ無之。東京市街鉄道（後ニ合併シテ東京鉄道会社）千代田瓦斯会社・鬼怒川水力電気・京王電気軌道・京成電気軌道・諸会社ノ如キ何レモ自身ノ責任ヲ有シ居リタルモノハ悉《ことごと》ク之レヲ実行致シタル事実ニ付キテモ併セテ御詮議被下度奉願候《くだされたくねがいたてまつり》。

大正拾年五月九日

東京高速鉄道株式会社

発起人総代　利　光　鶴　松

鉄道大臣　元　田　肇　殿

最後に「私が手がけた街鉄（東京市街鉄道）、京王、京成の軌道事業をはじめ、実行しなかったものはひとつもないから、どうか信用していただきたい」と自信の一端ものぞかせている。この小田原への高速電気鉄道は約一年後の大正一一年（一九二二）五月二九日、めでたく免許を得ることができた。

一流の高速電気鉄道

新宿〜小田原間の免許を獲得

都心部の路線建設を目論んだ「東京高速鉄道」が、延長線として認可申請していた新宿〜小田原間は、大正一一年（一九二二）五月二九日に敷設免許を受けた。翌一二年三月には設立する社名を小田原急行鉄道と改め、五月一日には資本金一三五〇万円で小田原急行鉄道株式会社が設立されている。代表取締役は親会社・鬼怒川水力電気の社長でもある東京高速鉄道発起人代表、利光鶴松《としみつつるまつ》であった。

省線（国鉄）新宿駅構内への乗り入れ方法など、いくつかの修正を経て現小田原線のルートが決定されていくが、その着工に先立つ大正一三年（一九二四）には新宿〜大塚間の旧東京高速鉄道に与えられた免許を返上し、いよいよ小田原急行鉄道は新宿〜小田原間の高速電気鉄道の実現に向けて本腰を入れていくことになる。

大正一三年（一九二四）の後半になると土地買収も本格化した。鉄道の敷設によって沿線が発展す

宿河原
北村
下河原
船島
橋本
登戸
中村
飯室
長尾
日向
向丘村
神木
宮前村
土橋
犬蔵
初山

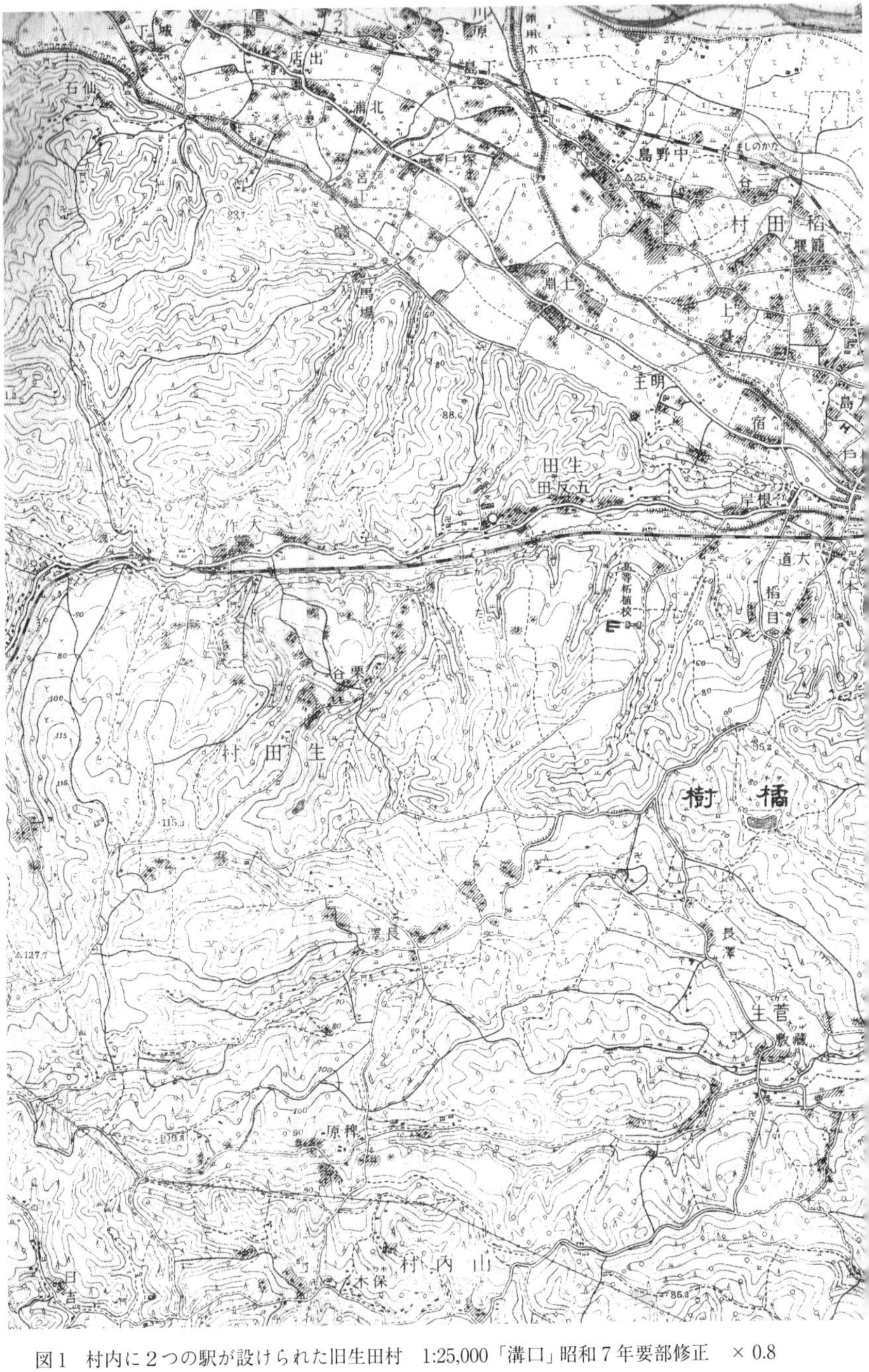

図1　村内に2つの駅が設けられた旧生田村　1:25,000「溝口」昭和7年要部修正　× 0.8

る実例を各地で目の当たりにすることができた当時、積極的に路線や駅を誘致しようとする動きも各地で見られるようになった。現在では川崎市多摩区にあたる生田村《いくたむら》も例外ではなく、村のどこに駅を設置するかをめぐって村内に議論があったという。

『小田急五十年史』（小田急電鉄社史編集事務局編　昭和五五年同社発行）に掲載されたエピソードによれば、当初は村役場（現多摩区役所生田出張所）のある現生田駅の場所を前提に村の代表者と小田急が交渉していたところ、村の西部にあたる現読売ランド前駅付近の有力者がこれに異議を唱え、村の西部への設置を呼びかけたところ村会でも賛成が多く、一転して西部への駅の設置が決まった。しかし驚いた東部の住民たちは集会を開き、もし西部に駅ができるなら土地は売らないなどと猛烈な反対運動を行なったのである。

会社は結局双方の要望を容れて村内に駅を二か所設けることに決定、それぞれ東生田、西生田という駅名が付けられた。当初のうちは地元の字名をとって東部の駅を「五反田」、西部の駅を「大作」と名付ける案もあったというが、村名である生田の名を用いることになったのである。

もともと生田という地名は上菅生村《かみすがお》と五反田村が明治八年（一八七五）に合併した際に末尾の字を合成したものであり、駅の設置をめぐる問題も東部・五反田と西部・上菅生の旧村間の対立が根底にあったのではないだろうか。『川崎の町名』（日本地名研究所編　平成三年川崎市発行）ではこの混乱には触れず、「当時、一村に二つの駅をつくるのは異例のことで、それには高石にあった農機具工場の細王舎《さいおうしや》や、土地を提供した駅前の白井家などの熱意が反映したからだといわれています」としている。

ちなみに東生田駅が生田、西生田駅が読売ランド前と現在のように改められたのは、「よみうりランド」が開業する半年前の昭和三九年（一九六四）三月一日のことであった。

田園地帯をまさかの全線複線で計画

大正一四年（一九二五）九月一一日には足柄駅（小田原の隣駅）付近の切り通し工事に初めての鍬が入り、一一月一〇には上野の精養軒で大々的に起工式が行なわれた。ここで利光社長は竣工時期について「翌々年（大正一六年）の四月一日に開通させる」と確約したのである。着工から一年半の短期間で全長八二キロ余りの長距離を完成させるなど前例がないほどのスピードだが、多摩川、相模川、酒匂川の大規模な鉄橋や四つのトンネルを含む工事は順調に進み、利光社長の「宣言」の通り、その間に大正天皇の崩御があって元号は変わったものの、一日も違わず昭和二年（一九二七）四月一日に新宿〜小田原間の五一マイル四四チェーン九四リンク（八二・九八キロメートル）の線路は開通した（チェーンは八〇分の一マイル、リンクは一〇〇分の一チェーン）。細かいことだが、この数値は小田原駅の二〇〇メートルほど先の終端点であり、新宿駅から小田原駅までの間は五一マイル三四チェーン四七・四リンク（八二・七七キロメートル）である。

当初は多摩川を渡る手前までの新宿〜和泉多摩川（現狛江市）間だけ複線で残りは単線の予定であったが、着工後に関西方面を視察してきた利光社長の意向により、急遽「全線複線」に変更している。おそらく日本初のインターアーバン（都市間高速電鉄）たる阪神電気鉄道や、大阪の上本町《うえほんまち》から奈良までを生駒の長大複線トンネルで貫いて結んだ大阪電気軌道（現近鉄奈良線）などを目の当たりにして発奮したに違いない。全線複線への設計変更の申請は大正一五年（一九二六）九月二日に提出

横濱市
保土ヶ谷町
世田谷町
府中町
日野町
藤澤町
戸塚町

図2　都市化からほど遠かった小田急の沿線　1:200,000 帝国図「東京」昭和5年鉄道補入　× 0.76

され、翌昭和二年（一九二七）三月一六日に認可されているが、この日付は開業のわずか二週間前であった。

さすがに全線複線を一挙に開通は無理だったようで、とりあえず稲田登戸（現向ヶ丘遊園）～座間（現相武台前）、海老名国分（現海老名駅付近）～伊勢原、大根（現東海大学前）～大秦野（現秦野）、渋沢～足柄の各区間は単線で開業させている。それでも半年後の一〇月一五日には全線複線化を達成した。

現在でこそ神奈川県は九〇〇万の人口を誇るが、大正一四年（一九二五）の国勢調査によれば一四一万六七九二人に過ぎず、しかも県の中でも横浜、川崎、横須賀という当時県内の「三大都市」にはカスリもしない閑散たる地域をわざわざ選んで通るような状況であった（登戸～柿生などの沿線が川崎市に編入されたのは昭和一三年）。利光社長らしく、ずいぶんと遠い将来の発展を見据えた超・先行投資であった。

大半が「田舎」の小田急沿線

当時の地図などを見ればわかるが、小田急の電車が走る沿線はその大半が田園地帯で、豊多摩郡淀橋町にあった新宿駅を含め、開通した当初に小田急の電車は一〇〇パーセント郡部を走っていた。あまり刊行された資料も少ないので、この機に「小田原急行鉄道新宿小田原間竣功監査報告」から鉄道の規格や駅の所在地を転記してみよう。寸法は適宜カッコ内にメートル法等の概算値を挿入した。

○新宿小田原間工事方法概要

鉄道ノ種類　電気鉄道

線路の延長　複線拾九哩十八鎖三三九（三〇・九五キロメートル）。

単線参拾弐哩二十六鎖六〇一（五二・〇三キロメートル）

（備考　全線複線設計ナルモ未竣工ノ為一部単線トス）

軌間　参呎《フィート》六吋《インチ》（一、〇六七ミリメートル）

軌道ノ間隔　拾弐呎

最小曲線　半径　拾鎖（二〇一、一七メートル）

最急勾配　四十分之壱（二五パーミル）

施工基面幅　弐拾六呎（約七・九メートル）

軌条ノ重量　一碼《ヤード》ニ付七十五封度《ポンド》（本線）及六十封度（側線）

（本線＝一メートルあたり約三七キログラム、側線＝約三〇キログラム）

枕木最大間隔　本線二呎一吋二分ノ一（六四・八センチメートル）

側線二呎四吋（七一・一センチメートル）

道床　平均単線一哩ニ付二百二十坪

轍叉番号　八番　及六番（経堂車庫線ニ使用）

（轍叉番号＝ポイントの番数。八番とは分岐し始めてから一メートル開くのに本線上で八メートルを要する分岐器）

線路標識及防備　整備

○新宿小田原間停車場表

名称	所在地	位置（哩・鎖・節）	キロ換算
新宿停車場	東京府豊多摩郡淀橋町角筈	〇　〇　〇	〇・〇〇
（千駄ヶ谷新田）	東京府豊多摩郡千駄ヶ谷町千駄ヶ谷	〇　三二　〇	〇・六四
（山谷）	東京府豊多摩郡代々幡町代々木	〇　五一　〇	一・〇三
（参宮橋）	東京府豊多摩郡代々幡町代々木	〇　七五　〇	一・五一
（代々木八幡）	東京府豊多摩郡代々幡町代々木	一　五三　〇	二・六八
（代々幡上原）	東京府豊多摩郡代々幡町代々木	二　五　四・八	三・三二
東北沢	東京府荏原郡世田ヶ谷町下北沢	二　五一　一四・八	四・二五
（下北沢）	東京府荏原郡世田ヶ谷町下北沢	三　二　一四・八	四・八七
（世田ヶ谷中原）	東京府荏原郡世田ヶ谷町代田	三　三八　八四・八	五・六一
（豪徳寺）	東京府荏原郡世田ヶ谷町世田ヶ谷	四　二五　六四・八	六・九五
経堂	東京府荏原郡世田ヶ谷町経堂在家	四　七六　六七・五	七・九八
（千歳船橋）	東京府北多摩郡千歳村船橋	五　五六　四四・五	九・一八
（祖師ヶ谷大蔵）	東京府北多摩郡砧村大蔵	六　四七　四四・五	一〇・六一
成城学園前	東京府北多摩郡砧村喜多見	七　一七　四四・五	一一・六二

（喜多見）	東京府北多摩郡砧村喜多見	七	六九	四四・五	一二・六六
（和泉多摩川）	東京府北多摩郡狛江村和泉	八	七七	四四・五	一四・四三
（稲田多摩川）	神奈川県橘樹郡稲田村登戸	九	三六	三一・五	一五・二一
稲田登戸	神奈川県橘樹郡稲田村登戸	九	六六	七七・五	一五・八三
（東生田）	神奈川県橘樹郡生田村生田	一一	一〇	八二・五	一七・九二
西生田	神奈川県橘樹郡生田村生田	一一	七三	七七・五	一九・一九
柿生	神奈川県都筑郡柿生村上麻生	一四	五〇	七九・一	二三・五五
鶴川	東京府南多摩郡鶴川村上能ヶ谷	一五	五七	六四・一	二五・三〇
新原町田	東京府南多摩郡町田町原町田	一九	二二	七・九	三一・〇二
座間	神奈川県高座郡座間村座間	二三	四	九一・九	三七・一一
（海老名国分）	神奈川県高座郡海老名村国分	二五	六八	一一・六	四一・六〇
（河原口）	神奈川県高座郡海老名村河原口	二七	四三	八六・六	四四・三三
相模厚木	神奈川県愛甲郡厚木町	二八	二七	二四・五	四五・六一
愛甲石田	神奈川県愛甲郡南毛利村愛甲	三〇	二二	四五・八	四八・七三
伊勢原	神奈川県中郡伊勢原町東大竹	三二	四五	六九・二	五二・四二
（鶴巻）	神奈川県中郡大根村落幡	三四	六七	八三・五	五六・〇八
大根	神奈川県中郡大根村南矢名	三五	四二	三三・五	五七・一八
大秦野	神奈川県中郡南秦野村尾尻	三八	三七	一三・五	六一・九〇

渋沢	神奈川県中郡西秦野村渋沢	四〇	七一	六	六五・八〇
新松田	神奈川県足柄上郡松田町松田惣領	四四	六二	一二・六	七二・〇六
栢山	神奈川県足柄上郡桜井村栢山	四七	三七	七四・三	七六・四〇
富水	神奈川県足柄下郡足柄村堀之内	四八	三八	六・三	七八・〇一
足柄	神奈川県足柄下郡足柄村多古	五〇	二七	一四・一	八一・〇一
小田原	神奈川県足柄下郡足柄村谷津	五一	三四	四七・四	八二・七七
終点	―	五一	四四	九四	八二・九八

*カッコなしは停車場、カッコ内は停留場
*原本では「同郡同町」などの記載が多いが、読みやすさを優先して補った。

線路や車両は「一級品好み」の利光社長の意向で可能な限り良質なものが用いられた。たとえばレールは三井物産を通じて米テネシー社のものを輸入し、架線柱はすべて鉄柱とした。木柱がふつうだった当時の私鉄としては画期的である。また駅舎も腰折屋根のモダンな形式を採用しており、この駅舎は今も向ヶ丘遊園駅などに残っている。電車も当時ではまだ珍しかった鋼製電車であった。

しかし一級品揃いの全線複線電化という豪華な電気鉄道は、当時の沿線の状況だけ見ればかなり過剰なもので、この大きな先行投資が開業当初の経営を圧迫していくことになるのだが、半世紀のスパンで見れば高度成長期の輸送を支える大きな力となったことは確かである。

図3　田園風景の中を直線的に走る小田原急行鉄道（図では「小田原急行電気鉄道」と表記）の線路　1:25,000「伊勢原」昭和2年鉄道補入　× 0.65

江ノ島線と林間都市

小田原線開業前に江ノ島線を申請

昭和二年（一九二七）四月一日、東京府豊多摩郡（淀橋町）にあった新宿駅を起点に、まだまだ都市化にはほど遠い神奈川県中央部を通って小田原まで八二・八キロ（営業キロ）を一挙に開業、しかもそのわずか半年後には全線複線を完成させた小田原急行鉄道。遠い将来の沿線の発展を見据えた投資は、さすが「一流好み」で知られた利光鶴松《としみつつるまつ》である。

それから八〇年以上を経て、猛烈な朝のラッシュや昼間もいつも賑やかな現在の姿を知る今だからこそ安心して構えていられるのだが、たとえば当時の実直な経理担当者あたりに身を置いてみると、社長が広げて実現させた「大風呂敷」の行方を、胃が痛くなるような面持ちで見守っていたのではないだろうか。しかも新宿〜小田原間を着工する前に、現在の江ノ島線の敷設免許の申請も行なったのだから。

線路敷設免許申請書

当会社ハ曩《さ》キニ東京小田原間ニ高速度電気鉄道ヲ敷設スヘク免許相受ケ、目下準備全ク成リ、工事施行認可ト相俟《あいま》ツテ工事ニ着手スヘキ運ヒニ至リ居候。就テハ既免許線中東京府下《ふか》原町田ヨリ分岐シ、神奈川県鎌倉郡川口村大字片瀬ニ達スル支線ヲ敷設シ、一般旅客ノ便ヲ計リ度ク、附属図面及書類相添へ出願致候間、御免許被成下度《なしくだされたく》此段　奉　願《ねがいたてまつり》　候也。

大正拾参年九月九日

東京市麴町区有楽町一丁目一番地
小田原急行鉄道株式会社
取締役社長　利　光　鶴　松

鉄道大臣　仙　石　　貢　殿

実はこれが二度目の申請で、一回目は前年にあたる大正一二年（一九二三）二月一六日に申請、関東大震災をはさんで翌一三年の七月二二日に「既免許線が未着工の段階で新線を計画するのは時期尚早」との理由で返付されていた。日付を見ればそれから二か月も経たずに二度目の申請をしたことがわかる。

震災直後の当時はサラリーマン階層の増加もあって、東京市民の「郊外脱出」の気運に乗じた鉄道計画が目白押しであった。中には資金の当ても怪しいような会社を含め、多数の地方鉄道敷設の申請が行なわれていた状況下で、鉄道省は免許抑制の方針を採っており、この二度目の申請も翌一四年には却下されている。

上記の申請書の「起業目論見書」には線路の起点・終点・経過地名として「原町田ヨリ分岐シ神奈川県高座郡大和村、六会村ヲ経テ官線辻堂附近ニテ官線ヲ超ヘ、鎌倉郡川口村字片瀬（本来は大字片瀬）ニ至ル」とある。東海道本線との交差地点が藤沢ではなく「辻堂付近」というのは現在とは違うが、これとは別に大船～鵠沼～辻堂～茅ヶ崎という区間で東海土地電気株式会社がすでに敷設免許を得ていた。このうち鵠沼～辻堂間が江ノ島線の計画と競合してしまうため、小田急では改めて「藤沢線」として原町田～藤沢間に区間を変更したのである。そして大正一五年（一九二六）一〇月四日にはめでたく敷設免許を得た。

ただし元々は江ノ島への観光電車を走らせる目論見であったから、追って藤沢～江ノ島という区間を出願するつもりでいた。その後は東海土地電気の敷設権が江ノ電（旧東京電燈）に継承されたが、資金難で建設の見込みが立たなくなっていたところ、小田急は「片瀬線」と称して大正一五年（一九二六）一一月二八日に藤沢～片瀬を新たに申請、こちらは東京直通の効用を認められて一転免許を得ることができた。藤沢でスイッチバックしている現在の線形も、あるいは「藤沢線」と「片瀬線」が別々に申請された経緯が反映されているのかもしれない。

理想的な分岐――大野信号所

経由地が辻堂付近から藤沢に変わるという変更はあったものの、小田原線の開業に伴う地域の発展を間近で見ていた地元は歓迎ムードだったようで、土地の買収はスムーズに進んだという。ルート

図1　小田急江ノ島線とその沿線。1:200,000 帝国図「東京」昭和 9 年修正

は原町田の南、府県境を跨いだ高座郡大野村で本線から分岐、大和村、渋谷村、六会村を経て藤沢町に至る、ほぼ滝山街道（藤沢街道・現国道四六七号）に沿ったものであった。辻堂を経由するよりむしろ素直なラインである。

分岐点となる大野信号所は、当時の地形図によれば相模野台地に広がる雑木林と桑畑が混在する中に位置しており、分岐点ではあるけれど旅客を扱っても乗降客は見込めない状況で、起点が信号所であったことは納得できる。それはともかく、この信号所は画期的なものであった（『小田急五十年史』には「相模大野信号所」とあるが、公文書では「大野信号所」の表記）。社史にも記述が見当たらないのだが、立体交差による分岐駅としては、おそらく日本初の事例だったのではないだろうか（小田急以前に同じ事例があればぜひご教示いただきたい）。

複線どうしの路線が分岐する場合、平面で線路を敷く場合には必ず上下線が平面交差する箇所が発生してしまう。たとえばＪＲ大宮駅も戦後しばらくの間は東北本線の下り線と高崎線の上り線が平面交差していたため、ダイヤ作成上のネックとなっていた。また京王電鉄の京王線と相模原線が分岐する調布駅では、つい最近の平成二四年（二〇一二）八月に地下化されるまで京王線の下り線と相模原線の上り線が平面交差していたし、湘南新宿ラインと横須賀線が合流する地点（旧蛇窪信号場・東急大井町線下神明駅付近）では今なお平面交差を強いられている。

そのような状況を考えると、昭和四年（一九二九）という早い時期に、しかもそれほど列車も多くなかった小田急が他に先んじて立体交差式の分岐点を設置したのは、やはり遠い将来を見据えた先行投資を命じた利光鶴松の慧眼であろう。大野信号所が旅客を扱うようになるのはだいぶ先のことで、

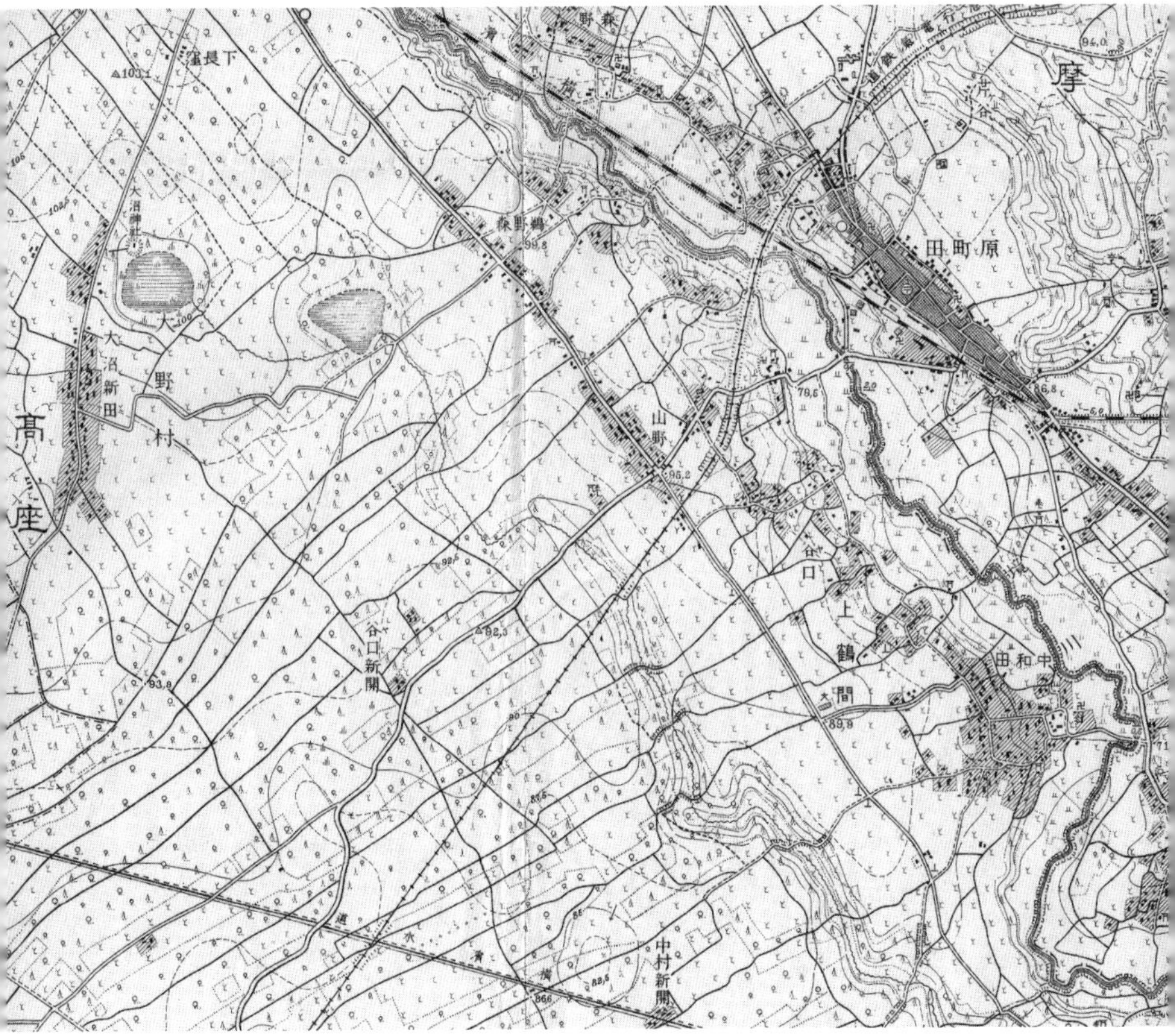

図2　小田急小田原線が開業した段階。1:25,000「原町田」昭和2年鉄道補入　× 0.77

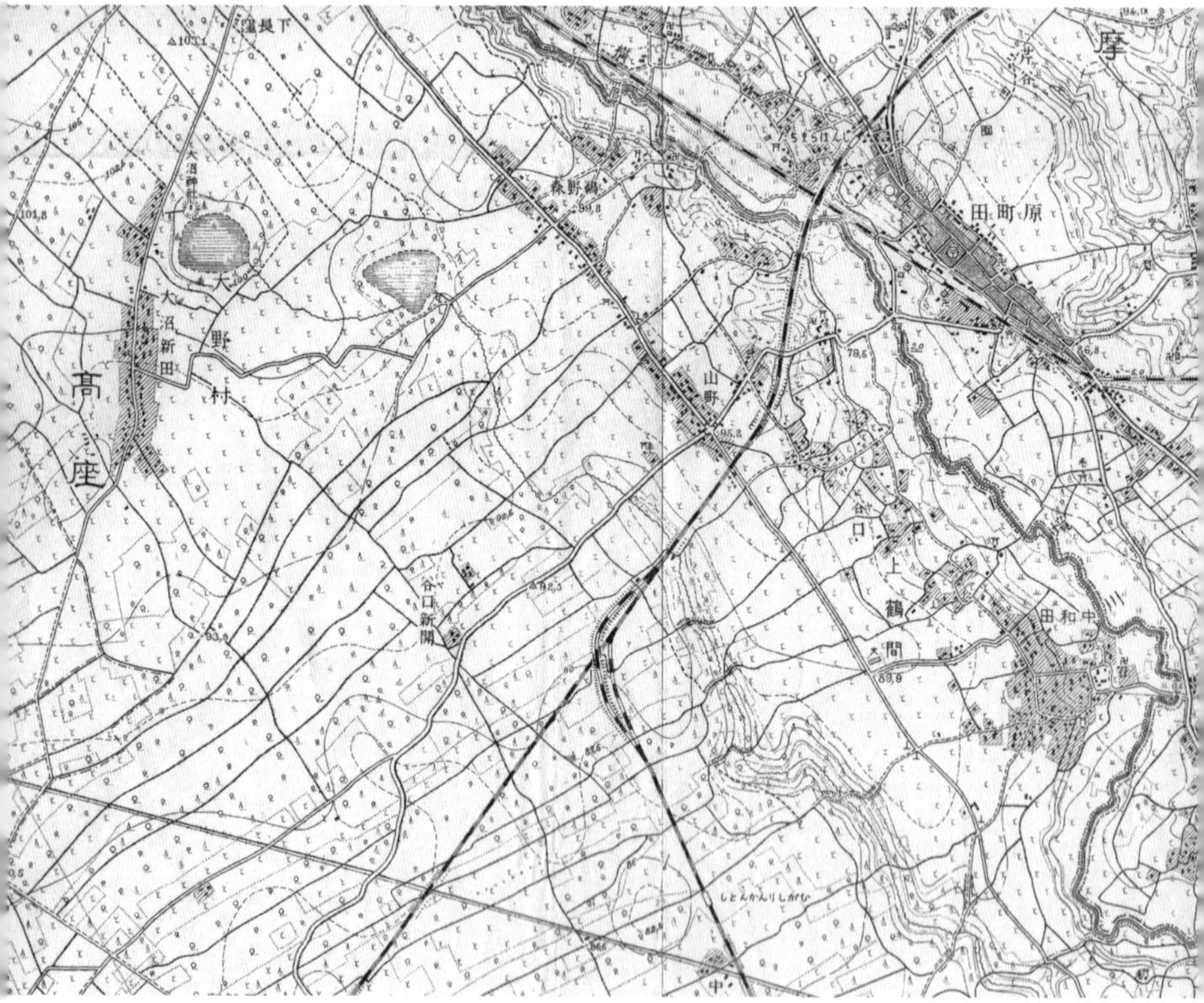

図３　大野信号所で分岐する江ノ島線が開業した当時。1:25,000「原町田」昭和４年鉄道補入　× 0.75

「相模原軍都計画」のもとに陸軍通信学校の設置に伴って通信学校駅が開業した昭和一三年（一九三八）四月一日のことである（防諜のため相模大野と改称されたのは昭和一六年（一九四一）一月一日）。

江ノ島線は小田原線の開業のちょうど二年後にあたる昭和四年（一九二九）四月一日に大野信号所〜片瀬江ノ島間二七・四一キロを開業した。同年翌五月号の『汽車汽船旅行案内』（旅行案内社）によれば、開業日四月一日に改正されたダイヤは次の通りである（上りは省略）。原文の記述は午前・午後に分けた漢数字で表記されているが、二四時制の算用数字で表示した。区間運転の記載もあるように、市街化がある程度進んだ現在の世田谷区内以遠はだいぶ閑散たるダイヤだったようだ。

○小田原線　新宿発小田原行　五時二〇分　六時一〇分　六時五〇分　七時三〇分　急八時一五分　八時三〇分　急九時〇〇分　九時三〇分　一〇時〇五分　一一時〇〇分　一一時五〇分　一二時三〇分　一三時二〇分　一四時三〇分　一五時二〇分　一六時〇〇分　一六時三〇分　急一七時〇〇分　一七時二〇分　一八時〇〇分　一八時二＊（＊＝欠落）分　一八時五五分　二〇時〇〇分　二一時〇〇分　二二時〇〇分　二三時〇〇分

新宿〜経堂間は五〜一〇分　経堂〜稲田登戸（現向ヶ丘遊園）間は一〇〜＊〇分（欠落。二〇分か）間隔に運転。所要時間　急行一時間四〇分　普通二時間三分

○江ノ島線　新宿発江《マ》ノ島《マ》行　六時二〇分　七時二〇分　急七時五〇分　八時二〇分　急八時五〇分　九時二〇分　急一〇時〇〇分　一〇時三〇分　一一時三〇分　一二時二＊分　一三時四〇分

一四時四〇分　一五時四〇分　一六時四五分　一七時四〇分　一八時四〇分　一九時四〇分　二〇時四〇分　二一時四〇分
所要時間　急行一時間二〇分　普通一時間三三分

急行の途中停車駅がどこであったかは記されていないが、翌昭和五年(一九三〇)一〇月号の『鉄道省編纂　汽車時間表』(日本旅行協会)によれば、小田原線が経堂、稲田登戸(向ヶ丘遊園)、新原町田(町田)、相模厚木(本厚木)、伊勢原、大秦野(秦野)、新松田。江ノ島線はスペースの関係で省略されているが、同六年六月号の『汽車汽船旅行案内』(旅行案内社)によれば南林間都市(南林間)、藤沢のみとなっていて、停車駅の数は両線とも現在の快速急行と比べても半分以下に過ぎない(カッコ内は現駅名)。所要時間も現在の快速急行が新宿〜小田原間を約九〇分、新宿〜片瀬江ノ島間が急行で約七二分で結んでいることを考えれば、停車駅の違いはあるがほとんど現在と遜色ないことがわかる。
ちなみに昭和四年(一九二九)現在の東海道本線の普通列車は東京〜小田原間に二時間かけていたので、だいぶ速い印象であったに違いない。鉄道省も遅まきながら昭和五年(一九三〇)一〇月の改正で一時間四三分程度までスピードアップして対抗している。

芳しくなかった「林間都市」開発

江ノ島線に新設された駅は東林間都市(東林間)、中央林間都市(中央林間)、南林間都市(南林間)、鶴間、西大和(大和)、高座渋谷、新長後(長後)、六会(六会日大前)、藤沢本町、藤沢、本鵠沼、鵠沼

海岸、片瀬江ノ島の一三駅であるが、冒頭の三駅がすべて「林間都市」になっているのが印象的だ。

この時期にはすでに阪急や目蒲（現東急）の各電鉄会社とその関連会社が沿線を宅地開発して大きな成功を収めていたが、小田急も大正一四年（一九二五）から昭和二年（一九二七）にかけて沿線開発のため買収してきた一〇〇万坪（三・三平方キロ）の土地のうち、江ノ島線沿線の八〇万坪（二・六四平方キロ）に「林間都市」を建設することを決定した。閑散たる沿線で乗客を安定的に確保するためには、宅地開発は不可欠だったのである。当初の計画でこの林間都市の三駅は起点側からそれぞれ中和田、公所《ぐぞ》、相模ヶ丘と予定されていたのだが、林間都市構想に合わせて開通前月の三月五日に急遽改めたものだ。ネーミングはいかにも目黒蒲田電鉄（現東急）の田園都市（代表例が田園調布）を意識したような印象である。

当時の流行である放射線状の道路を含んだ区画整理は、まず中央林間都市と南林間都市の二地区（計二・一五平方キロ）から始められたが、住宅地の他に公園やテニスコートなどを備え、また江ノ島線の開業に合わせて昭和四年（一九二九）に大和学園（高等女学校）も開校した。学園の創立者である伊東静江は利光鶴松の娘で、学校は現在も中央林間と南林間の間に聖セシリア女子中高などとして存続している。昭和七年（一九三二）に刊行された小田急の沿線案内の裏面には、林間都市について次のように記されている。

相模平野の中央に位し近く大山丹沢の連山を望み遠く富士の秀嶺を仰ぐ、大森林、雑木林丘陵等到る処に点在して変化に富む。而《しか》も土地の高燥にして風気の清爽なる、水質の良好にして気候の温

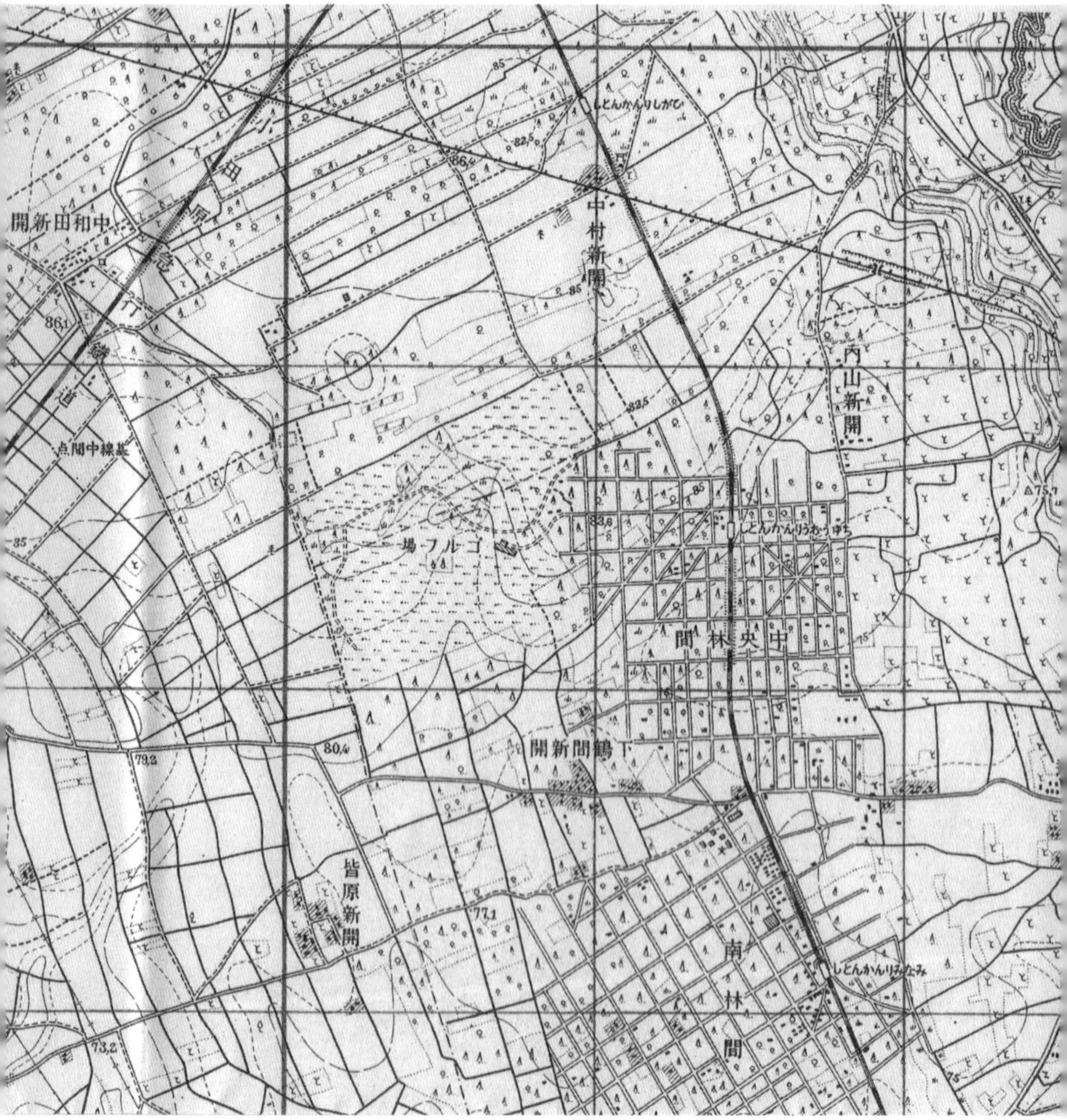

図４　中央・南の区画整理が完成した状態の林間都市。1:25,000 地形図「相模原」昭和12 年修正（通常の地形図ではなく集成図）　× 0.9

和なる、正に近郊第一の住宅地なり。ゴルフ場、野球場、テニスコート、森林公園、公会堂、大和学園高等女学校等あり、更に着々として文化施設の充実を計りて近く一大林間都市の出現を見んとす。

しかし当時としては都心から三五キロ前後という距離は遠すぎたようで、しかも江ノ島線の開業した年の秋には世界恐慌が始まった不運も重なり、住宅の売れ行きは芳しくなく、駅ができてから一〇年後の昭和一四年（一九三九）夏の時点で売約済みがわずか五〇ヘクタールと全体計画の二割にも満たなかった。そして太平洋戦争が始まる直前の昭和一六年（一九四一）一〇月一五日には、三駅からついに「都市」の字が外されて東林間、中央林間、南林間となった。現地の状況に合わせたということかもしれないが、この地域が本格的に「都市」化していくのは戦後の高度成長期に入ってからのことである。

沿線の人口がもともと希薄な中に、社長の理想を実現させたとはいえ、当時としては「分不相応」な複線の高速電鉄を敷設したツケはなかなか大きかったようで、地方鉄道補助法に基づく政府からの補助金があったとはいえ、長大な複線の線路を維持するコストは重くのしかかった。『小田急五十年史』によれば株主への配当は昭和五年（一九三〇）から一〇年までの六年間にわたってゼロ、経営以遠の列車本数も削減し、社員は昇給がずっとお預けだったという。それでも地元が「おらが鉄道」として株を持ち続け、自分たちの地域でこれを支えていこうとする気運もあり、この「立派すぎる電鉄」はなんとか維持されていったのである。

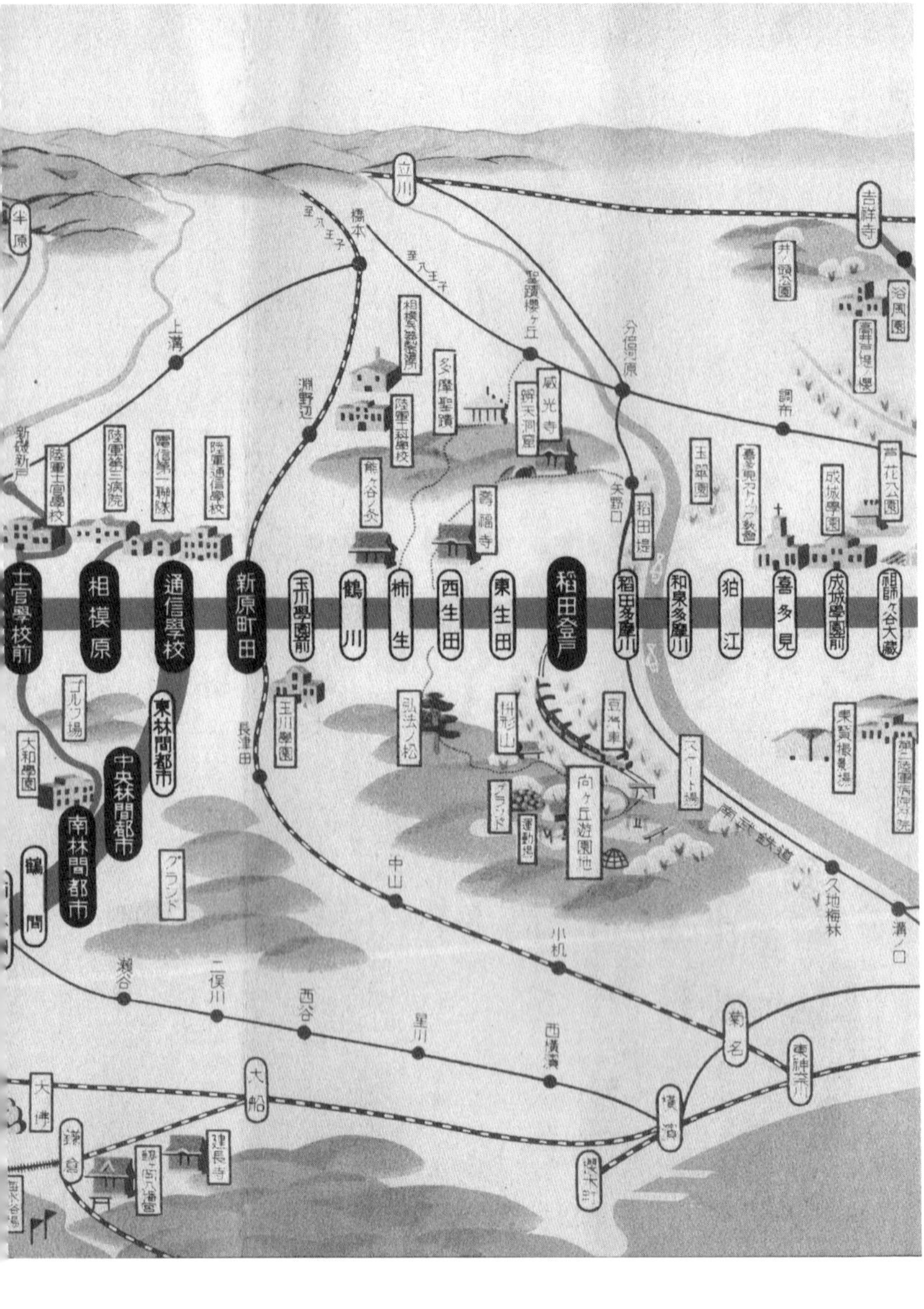

立川
吉祥寺
半原
橋本
至八王子
至八王子
上溝
淵野辺
聖蹟櫻ヶ丘
分倍河原
調布
矢野口
稲田堤
井ノ頭公園
浴風園
多摩聖蹟
威光寺
辨天洞窟
壽福寺
玉翠園
成城學園
芦花公園
陸軍士官學校
陸軍第三病院
電信第一聯隊
陸軍通信學校
士官學校前
相模原
通信學校
新原町田
玉川學園前
鶴川
柿生
西生田
東生田
稲田登戸
稲田多摩川
和泉多摩川
狛江
喜多見
成城學園前
祖師ヶ谷大蔵
ゴルフ場
大和學園
東林間都市
中央林間都市
南林間都市
鶴間
長津田
玉川學園
弘法ノ松
枡形山
豆汽車
グランド
運動場
向ヶ丘遊園地
スケート場
南武鉄道
東寶撮影場
グランド
中山
小机
久地梅林
溝ノ口
瀬谷
二俣川
西谷
星川
西横濱
菊名
東神奈川
横濱
櫻木町
大船
大佛
鎌倉
建長寺
鶴岡八幡宮

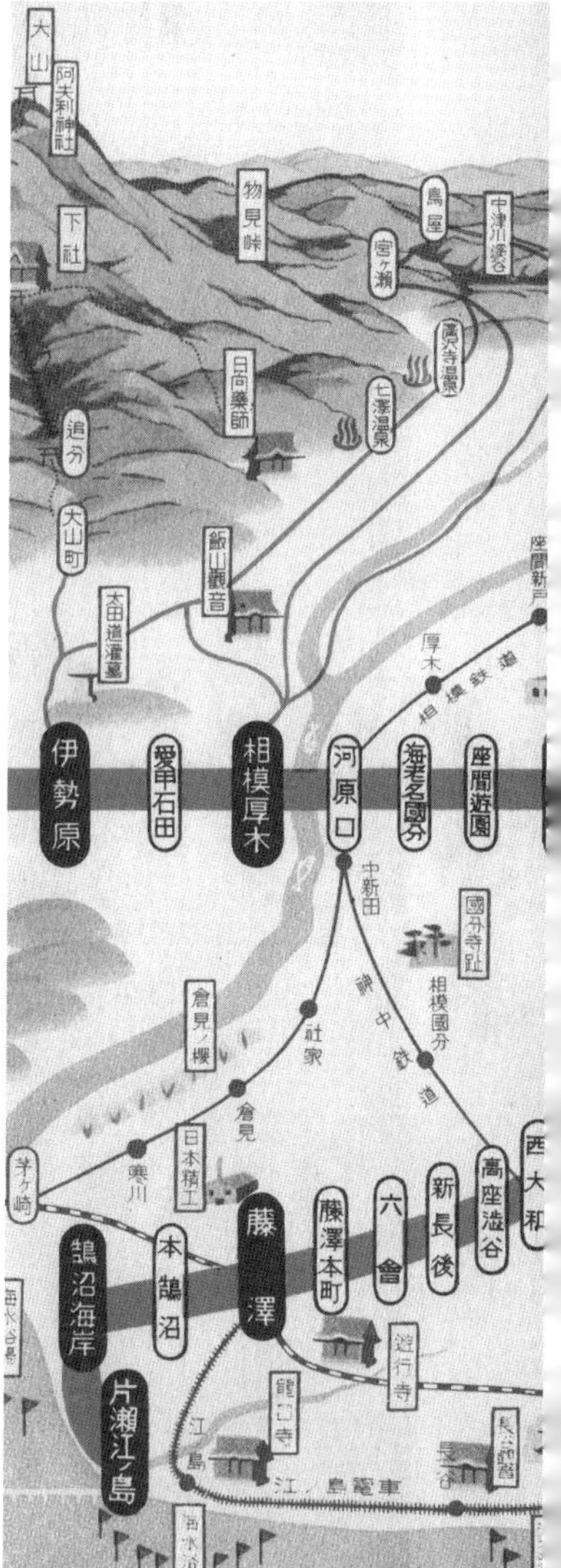

図5　昭和14年（1939）に小田急が刊行した「沿線案内」

砂利と軍都計画

砂利が大事な貨物だった頃

全線複線電化で一直線が目立つ、今でいえば「フル規格の新幹線」を思わせる立派な線路を自慢にしていた小田原急行鉄道。しかしその反面、まだ畑の目立った世田谷から、神奈川県の沿線人口の少ないところばかりを経由する電鉄会社の台所事情は苦しかった。貨物収入は小田原線開業翌年にあたる昭和三年（一九二八）度に五万一〇八八円一銭というささやかなもので、現在の物価に大雑把に換算すれば一～二億円といったところだろうか。

そこで小田急では貨物の増収を狙って相模川の砂利採取販売を手がけることにした。『小田急五十年史』（昭和五五年発行）によれば、昭和八年（一九三三）一一月には神奈川県知事から「相模川敷砂利採取」の認可を受け、同年から翌九年にかけて現在の相模原市南部にあたる麻溝《あさみぞ》村および新磯《あらいそ》村に鉱区を契約し、直営の砂利採取事業を開始した。鉱区は新田宿《しんでんしゆく》と新磯の二か所で、このうち新田宿鉱区は一〇万坪（三三・〇六ヘクタール）、採取船二隻とガソリン機関車二台、鍋トロ（砂利を積む小さな鍋型トロッコ）が二〇台、運搬用軌道延長三キロを敷設した。砂利は新座間駅（現座間）までトラックで運ばれ、本線上を貨車で東北沢駅まで輸送した。当時同駅のエリアはまだ世田谷区に編入されて間もない頃で、ここで販売業者に直売したという。

もうひとつの新磯鉱区は三〇万坪（九九・一七ヘクタール、ほぼ一平方キロ）と大きく、採取船も三隻、ガソリン機関車は六台を擁し、鉱区から座間駅（現相武台前）までは四キロにわたる専用軌道を敷設、直販と業者への卸売りの二本立てで販売した。ところが昭和一二年（一九三七）に陸軍士官学校が市ヶ谷から移転してきた際、一部の軌道敷が校地にかかったためこれを廃止して相模鉄道の座間《ざま》新戸《しんど》（現相武台下）駅からの軌道に変更、さらにトラック輸送の採算がとれなかった新田宿鉱区からも相模鉄道に新たに設置された入谷貨物駅（昭和一〇年六月二三日開業）に向けて軌道を敷設、いずれも相模鉄道経由で砂利を輸送する体制とした。

残念ながらこれらの専用軌道は二万五〇〇〇分の一地形図「原町田」や「座間」には描かれていない。なぜなら、両図ともに専用軌道が登場する以前の「昭和四年鉄道補入」に出て以来、次の改訂は線路が廃止された後の昭和二九年（一九五四）修正版であり、四半世紀も地形図の修正が行なわれなかったためである。

ところが諦めていたある日、たまたま私が講師をつとめていた講座の受講生が、昭和一二年（一九三七）修正の陸地測量部による集成地形図「相模原」の実物をお持ちで、そこにこの専用軌道が載っていた。私の喉から手が出ていたのを受講生に気付かれたかもしれないが、左ページの地図はそのコピーである。

図 1　地形図に描かれた「小田急砂利軌道」。1:25,000「相模原」昭和 12 年修正　× 0.9

図1右端の「中原」の隣に見える駅が当時の座間駅（現相武台前）で、砂利軌道の南側にある「相武台」が陸軍士官学校である。当時は軍機保護法（昭和一二年改正）により図上の軍施設が擬装されているので、建物などは真実の姿にはなっていない。旧座間駅を出ると本線を跨いで西側へ出て、そのまま北西へ進んでいく。現在の詳しい地図を見ると、このあたりの線路跡はこのカーブの通りに家が連なる住宅地になっていて、旧線跡をたどれる箇所もある。軌道は相模鉄道（現JR相模線）の下をくぐって上磯部駅（昭和一九年廃止）をかすめ、川原へ出て砂利の採取現場まで続いていた。この軌道は前述の通り昭和一二年（一九三七）の陸軍士官学校の移転を機に廃止されているから、同年修正のこの図にギリギリ掲載されたのだろう。

図2によれば小さい方の鉱区である新田宿へ向かう軌道は「砂利会社専用軌道」とあるが、こちらはトラック輸送から切り替えられた後の状態だ。軌道は新座間（現座間駅）まで続いているが、相模鉄道に寄り添った線の終点が座間貨物駅（当時）で、その後は昭和一八〜一九年頃に旅客を扱うようになったらしい（昭和一九年六月一日には戦時国有化で相模線）。砂利会社専用軌道の連絡駅の名は座間遊園となっているが、昭和一二年（一九三七）〜一六年まで四年少々だけそのように称していた。こちらは小田原線開業と同時に開園した向ヶ丘遊園と同様に直営遊園地としてオープンする構想であったが、着工されないまま日中戦争から太平洋戦争へと時局が悪化したため断念している。これにより昭和一六年（一九四一）には駅名を現在の座間に改め、遊園地予定地も戦後に宅地開発が行なわれたため、今や完全に幻の遊園地だ。図でも遊園地の名称は記されているが、丘陵地の雑木林と湿地の谷間が描かれているばかりである。

図２「砂利会社専用軌道」は座間遊園駅（現座間）から相模川の河川敷へ通じていた。1:25,000「相模原」昭和 12 年修正　× 0.9

登戸に「砂利受け渡し線」を建設

当時の多摩川は相模川以上に砂利採取のメッカであったが、昭和一〇年（一九三五）前後からの需要の急増で資源が枯渇しつつあり、これに代わる砂利の供給地として相模川が脚光を浴びるようになったのである。小田急では砂利の大需要地である京浜工業地帯の中心である川崎方面へ相模川の砂利を供給するため、小田急では稲田登戸駅（現向ヶ丘遊園）から南武鉄道（現JR南武線）へ砂利を受け渡すための側線の敷設を決めた。これらの貨物増収策により、小田急の貨物輸送は砂利採取事業を始めた昭和六年（一九三一）度に約一七・六万円であったのが、同一一年度には約二七・五万円と順調に増えている。

工第三六九号

昭和十年十月三十日

東京市渋谷区千駄ヶ谷五丁目八六弐番地

小田原急行鉄道株式会社

取締役社長　利　光　鶴　松

鉄道大臣　内　田　信　也　殿

南武鉄道線トノ連絡仮側線敷設及停車場設備変更認可申請 南武鉄道線ト小田原急行線トノ間ニ、左記理由ニヨリ貨物ノ連絡輸送ヲ計ルタメ、南武鉄道線宿河原駅ト弊社線稲田登戸駅トノ間ニ連絡仮側線ヲ敷設シ、之ニ伴ヒ停車場設備一部変更致シ度《たく》候ニ付、御認可被成下度《なしくだされたく》関係図書相添へ此段申請候也。

追而《おって》南武鉄道側連絡側線敷設認可申請ハ別途同会社ヨリ提出可致《いたすべく》候。

理　由

一、小田原急行線ヨリ南武鉄道経由川崎及横浜方面へ砂利輸送計画ノ為メ、両社線路ノ連絡ヲ必要トセルニヨル

仮設物使用期限

一、御認可ノ日ヨリ向壱ケ年間

ちなみに図3の時期は南武線がすでに国有化された後であるが、これと連絡している小田急の駅名は「登戸多摩川」となっている。昭和二年（一九二七）四月一日の開業以来ずっと稲田多摩川駅（開業当時の稲田村にちなむ）と称していたが、図が修正された昭和三〇年（一九五五）四月一日に登戸多摩川と改められたばかり。さらに三年後の同三三年四月一日には国鉄に合わせて現在の登戸と二度目の改称を行なって今に至っている。

河原
登戸新町
小田急電鉄
多
中村
光明院
登戸
公民館
東
栄町
昭和エーテル工場
稲田
中
むこうがおかゆうえん
富士塚
南部製紙工場
橋本
川崎市
清水食品工場
田中光学工場
稲田登戸病院
本村
竜安寺
のぼりと

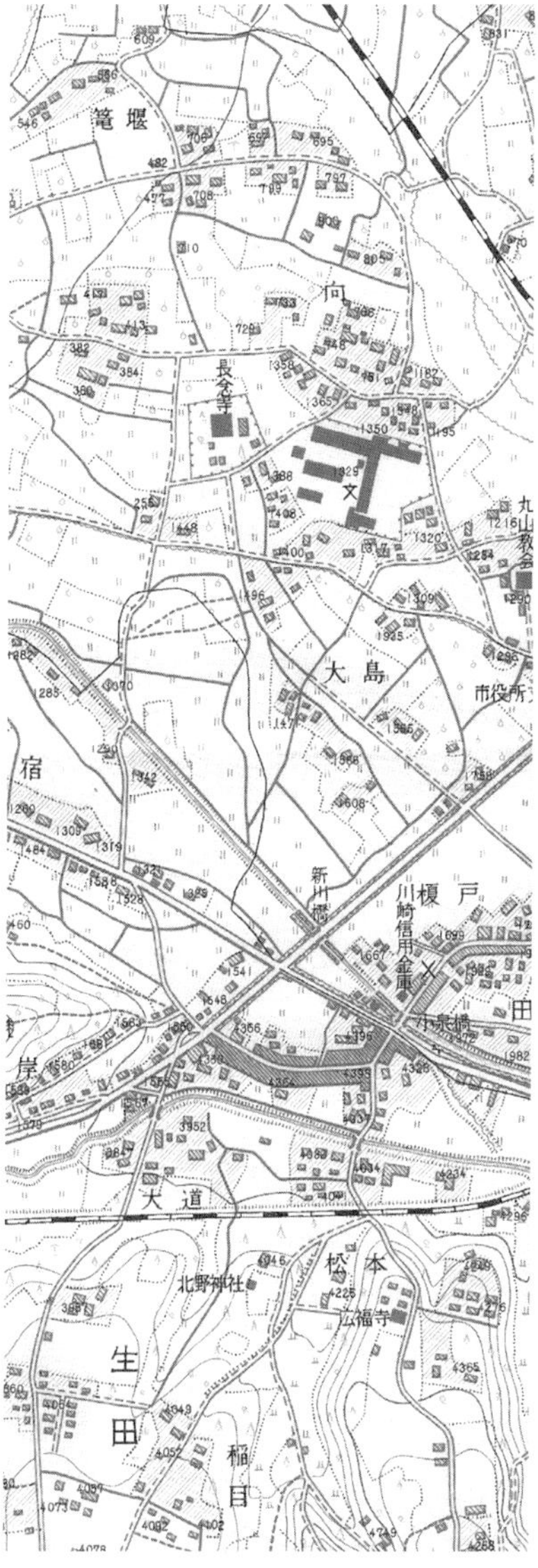

図3　戦後の地形図に載っている南武鉄道への「砂利受け渡し線」。すでに当時は使用されていなかったのか、線路は途切れている。1:10,000地形図「登戸」昭和30年修正　× 0.9

ロマンスカーの原型「週末温泉急行」

ついでながら、開業以来の稲田登戸駅は隣駅と同時に「向ヶ丘遊園」と改められた。遊園地そのものは小田原線の開業と同じ日で、駅前から伸びる軌道の記号は当時運転されていた「豆汽車」である。これは稲田登戸駅から遊園地入口まで全長一・一キロメートルほどの「鉄道」で、開園二か月後の六月一四日に開業した。戦時中の一時廃止を経て昭和二五年（一九五〇）には復活を遂げているが、道路拡張のため昭和四〇年（一九六五）に廃止、翌四一年にはほぼ同じルート上を走るモノレール（ロッキード式・跨座式）に取って代わられたが、平成一二年（二〇〇〇）にはモノレールも車両故障を機に運休、翌年に廃止されて遊園地ともども今はない。

昭和一四年（一九三九）に小田原急行鉄道が発行した「沿線案内」の裏面では、向ヶ丘遊園を次のように紹介している。

自然の風致保存に意を注ぎたる当社経営にかかる丘陵公園、子供遊園休憩所グラウンド等完備し春は桜、初夏はつつじ、秋は紅葉、梨もぎ、芋掘り等、御家族連のピクニツク、遠足等に絶好なり。

此の辺《あたり》より西生田、柿生に至る一帯は近郊随一の果実王国とも云ふべく、春の苺《いちご》を初めとして桃、梨、栗、柿と四季を通じて味覚の行楽地、各季節には各園開放され、もぎとりの催《もよおし》をなす。また枡形《ますがた》山城址、丸山教会、戸隠不動、稚児の松、長者穴等、当駅付近には名所甚だ多し。

戦後の小田急といえば誰もが思い浮かるのが「ロマンスカー」であるが、昭和一〇年（一九三五）六月一日にはその前身となる「週末温泉急行」が走り始めている。所要時間は新宿～小田原間を急行列車と同じ九〇分ながらノンストップで走るもので、新宿発が毎週土曜日の一三時五五分、小田原には一五時二五分に着くダイヤであった。

ノンストップだけあってトイレ付きのクロスシート車が用いられ、通常の急行が二両編成だった当時において四両の堂々たる編成だったたという。車内放送では新宿の軽演劇場として人気のあった「ムーランルージュ」のスター明日待子が吹き込んだSPレコード盤により沿線案内を行なうなど話題になった。営業成績が振るわなかったことは『五十年史』も認めながら、「ロマンスカーの小田急の原型となった」ことは確かである。ついでながら箱根登山鉄道の箱根湯本駅までロマンスカーが直通するようになるのは戦後昭和二五年（一九五〇）になって小田原～箱根湯本間に三線軌条が敷設され、小田原～箱根湯本間の昇圧（六〇〇ボルトから一五〇〇ボルト）が済んでからの話である。

相模原軍都計画と関連駅の設置

昭和六年（一九三一）の満洲事変以来、日本政府は徐々に戦時体制を強化していく。同八年には満洲進出をめぐって「列強諸国」から非難を浴びて国際連盟も脱退した。このような状況下で、急速な航空技術の発達にも影響を受けて防空の重要性が唱えられ、また都心部の施設が手狭になったこともあって、軍の基地や工場などの郊外移転が相次ぐようになる。

いわゆる「相模原軍都計画」はその文脈の中で進められた計画で、当時の神奈川県高座郡に所属していた上溝《かみみぞ》町・座間町・相原村・新磯《あらいそ》村・大沢村・大野村・田名村・麻溝《あさみぞ》村の二町六村が国の主導により昭和一六年（一九四一）に合併したのが相模原町である（現在の相模原市。旧座間町は後に分離独立、現在は座間市）。

その軍都計画の中心として最初に進出したのは陸軍士官学校であった。昭和一一年（一九三六）に広大な用地の買収が半ば強制的に行なわれ、翌一二年には従来の市ヶ谷から移転開校している。それ以後、当地には臨時東京第三陸軍病院・相模陸軍造兵廠・陸軍兵器学校・電信第一聯隊・陸軍通信学校・相模原陸軍病院・陸軍機甲整備学校などが相次いで進出した。

このうち陸軍士官学校は座間駅（現相武台前）に近く、陸軍通信学校は小田原・江ノ島両線分岐点の大野信号場（開業当初は「信号所」）に近接していた。さらに電信第一聯隊も線路に近かったので、大野信号場を停車場に改め、電信第一聯隊の近くに新駅を設置する申請が昭和一二年（一九三七）一〇月一日に鉄道大臣中島知久平宛に提出されている。

大野信号場ヲ停車場ニ変更及電信隊前停留場新設ノ件認可申請　大野信号場ヲ停車場ニ変更、通信学校前停車場ト改名シ、又小田原本線登戸起点一二哩一一鎖九〇節（引用者注＝一九・五五キロメートル）ノ位置ニ電信隊前停留場新設致シ度候ニ付、御認可被成下度《なしくだされたく》関係図面相添へ此段申請候也

理由書

通信学校駅付近ニ陸軍通信学校新設セラレ、又相模原駅付近ニ電信隊ノ移転決定セシタメ、軍部ヨ

リノ要求ニ依リ両駅ヲ新設セルモノニシテ、連動装置ノ変更ハ之ニ伴フモノナリ。

電信隊前停留場はその後昭和一二年（一九三七）一二月二四日の追願によって相武台と名称を変更している（現在の相武台前駅ではない）。ただしその後は駅名を相模原と再度変更した。最初に進出した陸軍士官学校の最寄りとなった旧座間駅が士官学校前と改称されたのは昭和一二年（一九三七）六月一日のことで、翌一三年三月一日には最初に「電信隊前」とされて改めた相模原駅（現小田急相模原）が開業、さらに四月一日には大野信号場改め通信学校（前の字は申請後に削除された）駅と相次いで開業・改称されたことにより、駅の並びを見ても「軍都・相模原」の電車らしくなった。

相次ぐ陸軍施設・学校の進出に伴い、開業以来ずっと閑古鳥の鳴いていた小田急の乗客は必然的に急増する。しかし列車本数を増やすためには車両の増備や変電所の新設が必要で、これを鉄道省に認めさせるため、小田急は沿線陸軍諸学校・施設に現状を確認してもらう「御願」を送付した。これに同意を取り付けたものが公文書に綴じ込まれている。

陸軍通信学校長殿

御　願

曩《さき》ニ貴校ガ当社沿線ニ移転セラレ候以来、当社線列車ノ御利用頓《とみ》ニ増加致、加フルニ時局ノ影響

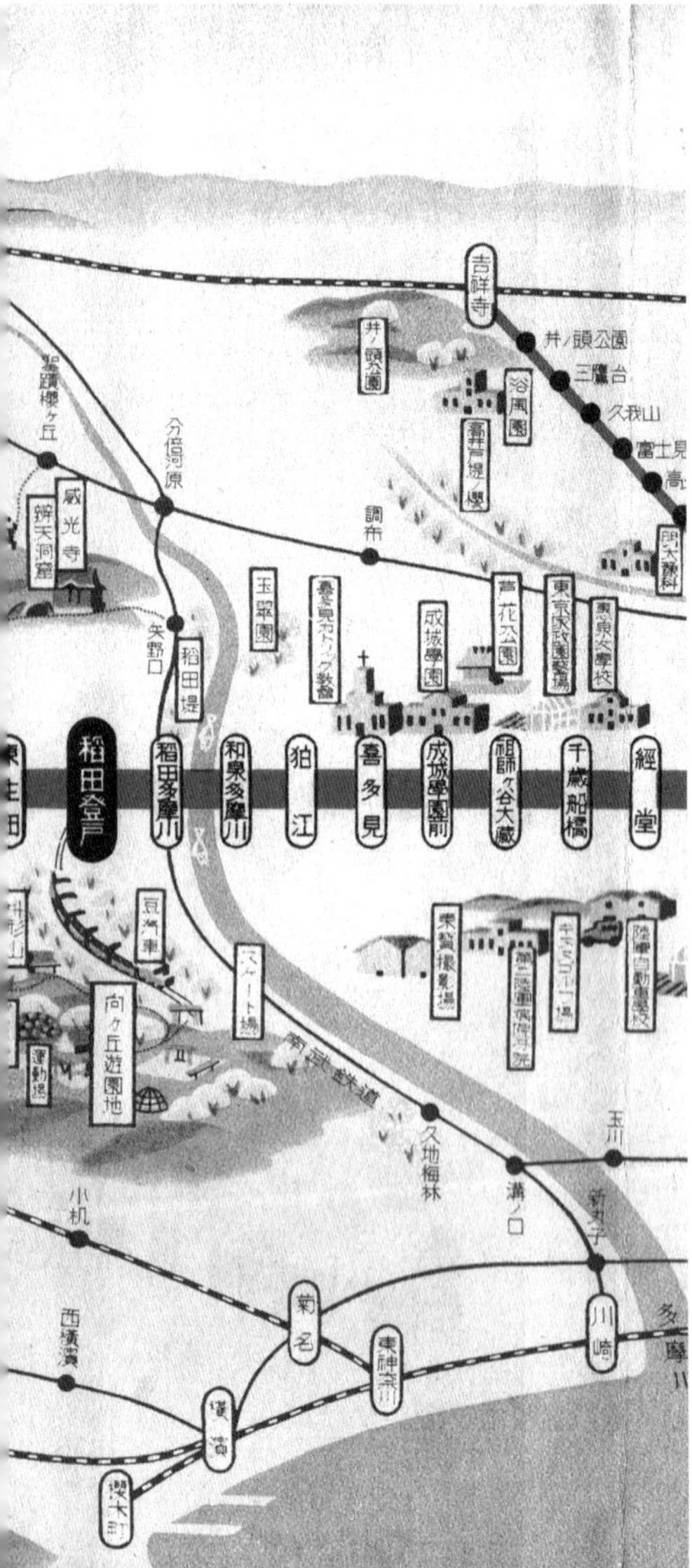

図4　軍都らしい通信学校・士官学校前の駅名が健在だったのは3年程度であった。『沿線案内』小田原急行鉄道　昭和14年発行

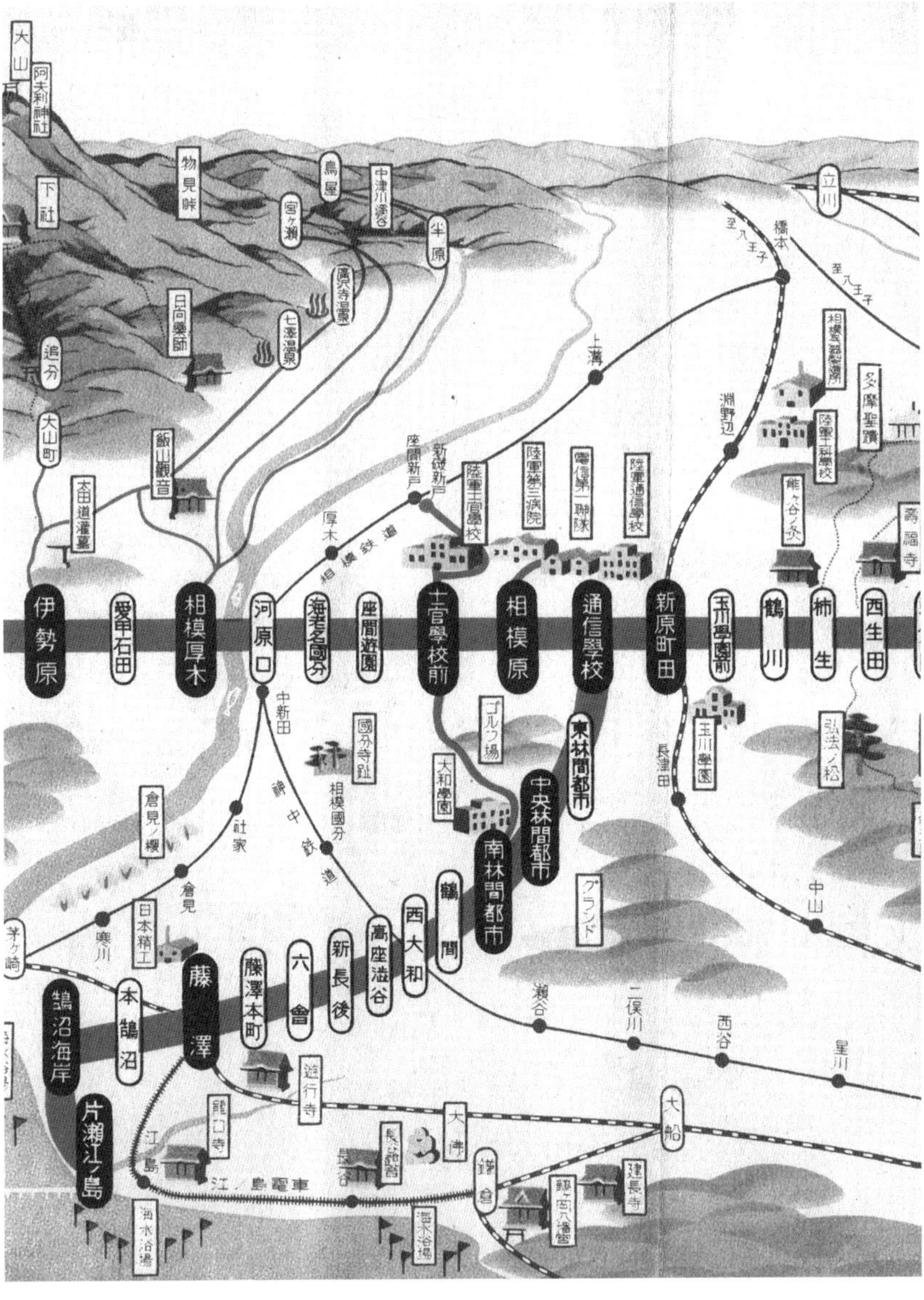
大山
阿夫利神社
下社
物見峠
鳥屋
中津川溪谷
宮ヶ瀬
半原
廣沢寺溫泉
七澤溫泉
日向藥師
追分
大山町
飯山觀音
太田道灌墓
立川
橋本
至八王子
至八王子
上溝
淵野辺
多摩聖蹟
座間新戸
新磯新戸
陸軍士官學校
陸軍第三病院
電信第一聯隊
陸軍通信學校
厚木
相模鉄道
壽福寺
伊勢原
愛甲石田
相模厚木
河原口
海老名國分
座間遊園
士官學校前
相模原
通信學校
新原町田
玉川學園前
鶴川
柿生
西生田
中新田
國分寺趾
相模國分
ゴルフ場
大和學園
東林間都市
中央林間都市
南林間都市
玉川學園
長津田
弘法ノ松
社家
神中鉄道
倉見
寒川
茅ヶ崎
日本精工
鶴間
西大和
高座澁谷
新長後
六會
藤澤本町
藤澤
本鵠沼
鵠沼海岸
片瀬江ノ島
グランド
中山
瀬谷
二俣川
西谷
星川
遊行寺
龍口寺
大船
大佛
長谷
江ノ島
江ノ島電車
鎌倉
建長寺
海水浴場
海水浴場

ヲ受ケ一般旅客モ亦逐日増加ノ実状ニ有之《これあり》候ニ就テハ、之ガ輸送緩和ノタメ客車増結又ハ列車増発ノ必要ニ迫ラレ居候モ、当社ニ於ケル車両使用状況ハ別記ノ如ク現有車両並ニ設備ハ略《ほぼ》其極度ニ達シ居候為、其ノ意ヲ不得《えず》。従テ時ニ甚敷《はなはだしく》御迷惑相掛居《あいかけおり》候段、寔《まこと》ニ恐縮ニ不堪《たえず》候。
就テハ此際輸送力増加策トシテ至急客車ノ新製並ニ変電所ノ拡張ヲ計画致、監督官庁ニ出願仕度《つかまつりたく》候条、前掲ノ実状ヲ左記ニ御証明被成下度《なしくだされたく》奉懇願《こんがんたてまつり》候也。

これら共通の和文タイプの文章（場合によっては「貴校」が「貴所」などに変わる）に続いて「右相違ナキコトヲ証明ス」と朱書きされ、「昭和拾四年五月拾九日　陸軍通信学校長　川並密」の印、それに校長印が捺されている。以下同文の「御願」にはそれぞれ「陸軍士官学校長　山室宗武」「陸軍工科学校長　和田盈」「電信第一聯隊長　川村尅」「臨時東京陸軍第三病院長　吉植精逸」「陸軍造兵廠東京工廠相模兵器製造所長　渡辺望」がいずれも同じ五月一九日に署名捺印されている。

雑木林や畑の広がる広大な相模原に相次いで進出した軍施設への通勤客とその家族の乗車は、まさに「救いの神」だったに違いない。

防諜のために駅名を改称

ただしその後、軍の施設をことさらに宣伝するかのような駅名は防諜上いかがなものか、との当局の指示もあったようで小田急では昭和一六年（一九四一）一月一日付で通信学校駅を相模大野、士官学校前駅を相武台前と改めている。いわゆる「防諜改称」については小田急だけでなく全国的な規模で行なわれ、その過程でたとえば昭和一五年（一九四〇）には湘南電気鉄道（現京急）の横須賀軍港駅が横須賀汐留（現汐入）に、軍需部前が按針塚（現安針塚）に改称されるなど、時期的に数年のばらつきはあるものの、昭和一二年（一九三七）の日中戦争後から太平洋戦争開戦前までの間に、あらかた改称が行なわれている。

ただ改称の理由が理由なので、公文書に改称の経緯を記したものはほとんど残されていないようで、私がこれまで公文書の中で見つけたのは、昭和一五年（一九四〇）九月一八日認可の富山市電（現富山地方鉄道富山市内軌道線）の二つの停留場の改称だけである。聯隊前を五福、練兵場前を県立富山工業学校前に改めるものであるが、その理由が珍しく次のように掲げてあった。

「時局柄防諜関係上、兵営其ノ他軍事施設ノ名称ヲ標示シ其ノ所在ヲ殊更発表スルガ如キコトハ、此際変更サレタキ旨□（一文字不明）本県警察部ヨリ申入レノ次第モ有之」とあった。

士官学校前から改められた相武台は陸軍士官学校の「別名」といった位置づけで、しかも昭和天皇が命名したものとされている。相模原の地にあって「最も武を練り鋭を養うに適した土地」であることから、「武を相《み》る」の意を込めて名付けられたものという。最初は小田急も「相武台」としたかったらしいが、これについては陸軍側と一悶着あったそうで、『小田急五十年史』によれば「なにぶんにも陛下のご命名という由来があるだけに軍は難色を示し、結局、相武台ではイカンが相武台前ならまアよかろう、ということでやっと認可になった」という。その駅名は、戦後になって米軍の座間キャンプとなって今に至るも変わっていない。

ちなみに相模原市と座間市にまたがる付近の町名には現在「相武台」の名が付けられているが、

座間市の相武台（旧称座間入谷・座間・栗原）は昭和三六年（一九六一）から、相模原市側の相武台（旧称新戸・新磯野）は同四四年から名乗り始めた戦後の町名なので、前のあるなしを気に懸ける人はいなかったのかもしれない。相変わらず前を付けた小田急の駅名だけが「天皇の時代」を今に伝えている、ということだろうか。

海老名にある厚木駅

海老名で神中鉄道と接続へ

現在では大手私鉄のひとつに数えられている相模鉄道は、もともと茅ヶ崎〜橋本間を結ぶＪＲ相模線の前身で、現在の相鉄線（横浜〜海老名ほか）の前身は神中鉄道という別の会社が経営していた。こちらは沿線である瀬谷の素封家・小島政五郎らが中心に設立された地元資本の小私鉄として発足している。詳しくは相鉄の項で述べる予定だが、両者とも経営状態はあまり芳しいとは言えず、神中鉄道は昭和一四年（一九三九）には東京横浜電鉄（現東急）の傘下に入り、相模鉄道も同一六年（一九四一）にやはり東横傘下となった。当時の東横の社長は、事業の拡大に心血を注いでいた五島慶太である。

当時の神中鉄道は横浜〜厚木間を結ぶ鉄道であったが、厚木駅の所在地は今に至るまで相模川を隔てて厚木市の対岸に位置する海老名市内。神中鉄道などが開通した当初は高座郡海老名村である（昭和一五年から海老名町）。沿線に大きな町がない相模・神中のいずれも、長らく相模川の砂利を輸送する「砂利鉄」であったが、昭和一一年（一九三六）頃から本格的に始まった相模原軍都計画の進展で軍の施設がいくつも進出するに伴い、乗客は少しずつ増加に転じる。

しかし小田急と神中の両線は二か所で交差しているにもかかわらず、連絡駅がなかったため、乗り換えは不便であった。神中鉄道は大正一五年（一九二六）五月一二日に厚木駅を開業、相模鉄道は直後の同年七月一五日に開業している。両者の厚木駅は隣接していたが、小田急が翌昭和二年（一九二七）四月一日の全線開業の際に設けたのは、その厚木駅から南側に離れた交差地点の河原口という駅であった。このため両駅を乗り継ぐには田んぼの中を五〇〇メートルほど歩く必要があった。もうひとつの交差地点にしても、小田急の海老名国分駅は神中鉄道の相模国分駅から北へ約四〇〇メートル離れた場所に設置されたため、どちらの駅も乗り換えには不便だったのである。次の図1は小田急が開業したばかりの状態。

その後は神中鉄道が昭和四年（一九二九）一月二二日に終点の厚木から相模鉄道沿いに南へ三〇〇メートルほど線路を延ばし、小田急との交差地点のすぐ手前に中新田口という駅を設置した。中新田というのは駅の東にある集落の名（海老名村の大字）である。ついでながら昭和七年（一九三二）一一月一日には、相模鉄道が中新田の集落の最寄駅として交差地点より南側に中新田駅を設けている。

二〇七ページの図2は中新田駅が開業した時点であるが、東側の海老名国分・相模国分両駅の関係は変わっていない。ここでの連絡を改善する計画が持ち上がったのはその後のことである。相模鉄道はもともと相模川を渡って厚木の町まで線路を延伸する計画をもっていたが自力での長大な架橋は

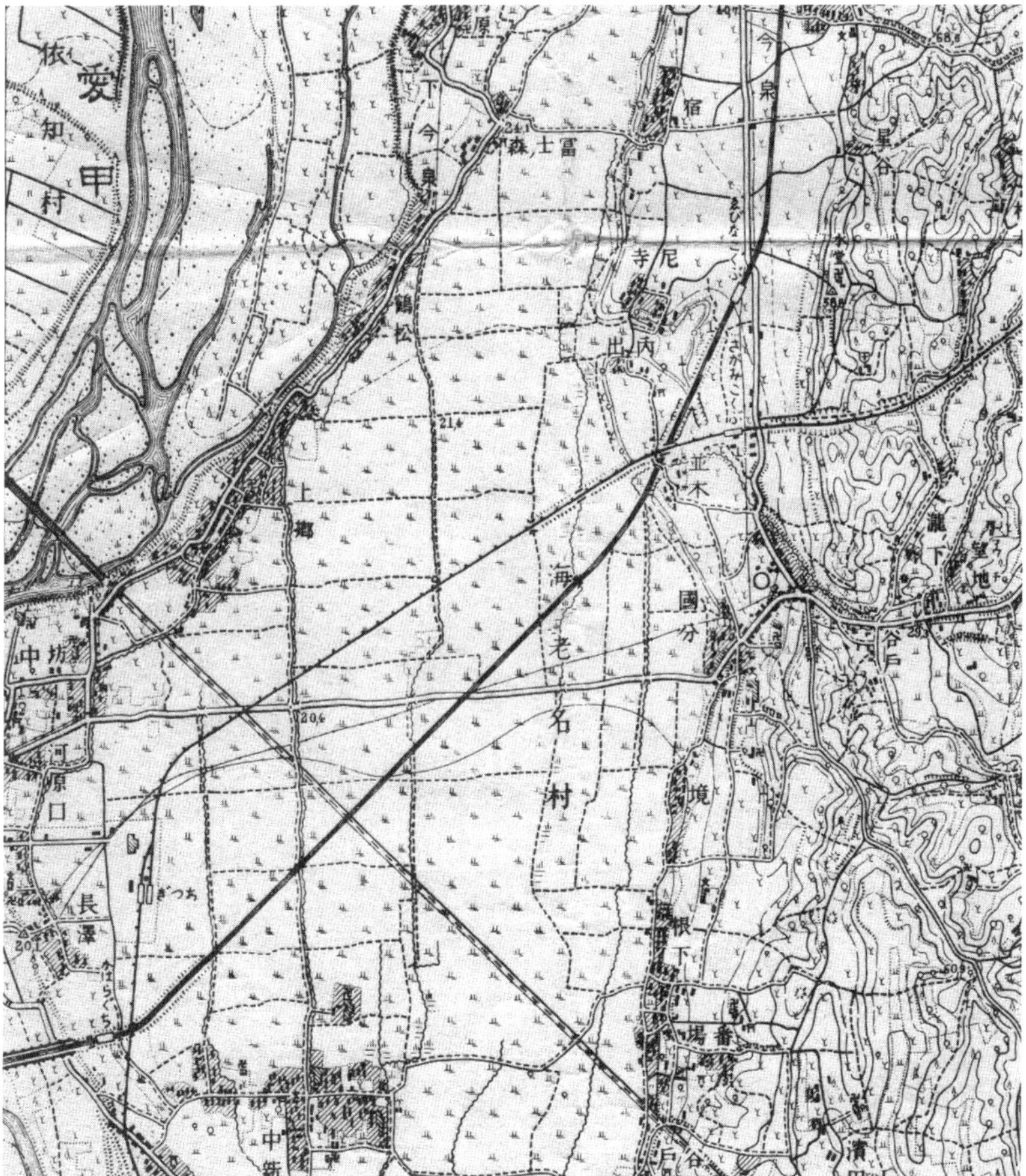

図1　不便だった相模鉄道・神中鉄道と小田急の連絡。1:25,000「座間」昭和4年鉄道補入　× 0.9

困難で、小田急線の相模厚木（現本厚木）まで乗り入れることによって、ようやく横浜駅から厚木の市街地を直結するという念願が実現することになる。

次の文書は昭和一五年（一九四〇）七月一四日に小田原急行鉄道社長・利光鶴松が鉄道大臣に提出した連絡線の建設と海老名国分駅の移設を認可申請したものだ。

小田原急行鉄道及神中鉄道連絡線敷設並
海老名国分駅移設ノ件認可申請

今般別紙理由書ニ依リ、弊社線ト神中鉄道線トノ間ニ連絡線ヲ新設シ、海老名国分駅ヲ連絡箇所ニ移設シ、之ニ伴ヒ自動信号機ノ位置変更致度《いたしたく》候ニ付、特別ノ御詮議ヲ以テ御認可被成下度《なしくだされたく》、関係図書相添へ此段申請候也。

理　由　書

一、連絡線路ノ敷設

神中鉄道終点厚木駅ハ相模川ノタメ厚木町ト約弐粁（二キロメートル）ノ遠距離ニアリ。殊ニ近年小田原急行鉄道ト神中鉄道トノ両線ニ跨リ旅行スル旅客逐年増加シツ、アルヲ以テ、神中鉄道ノ客車ヲ小田原急行鉄道線ニ乗リ入レ、相模厚木駅迄直通運転ヲナシ、乗客ノ便ニ供セムトスルモノ

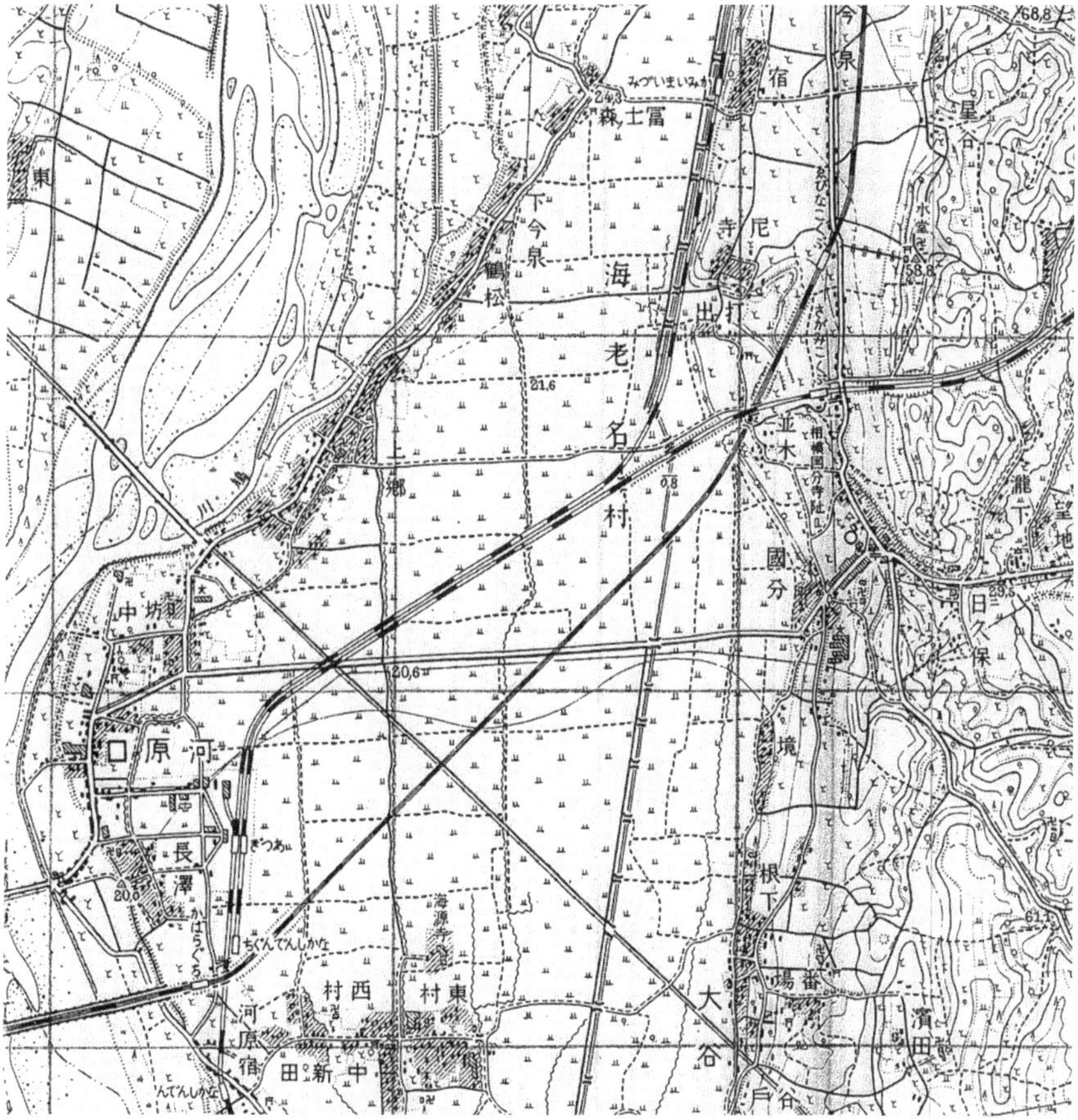

図２　神中鉄道が中新田口に延伸、相模鉄道が橋本方面（北）へ延伸された後。1:25,000「相模原」昭和 12 年修正　× 0.9

ナリ。

二、海老名国分駅移設

現在両社線交叉点ニハ連絡ノ設備ナク、各線共独立シテ近距離ニ停車場ヲ設置シ、旅客ノ不便甚ダシキヲ以テ、海老名国分駅及神中鉄道相模国分駅ヲ連絡線新設箇所ニ移転ノ上、共同駅ヲ新設シ、士官学校ヲ中心トシテ発展ノ途上ニアル相模《ママ》軍都ト横浜方面トノ交通ヲ便ニシ、沿線ノ開発ト旅客ノ利便ヲ計ラムトスルモノナリ。

添付された小田急・神中両社の「協定書」によれば、直通する車両は一一六人乗り「半鋼製ボギーガソリン客車」六両と、八〇人乗り「半鋼製ボギーヂーゼル客車」四両で一日二〇往復以内、それに線路の使用料や事故対応などの細目が定められている。ちなみに当時の神中鉄道社長は五島慶太であった。

連絡線の建設は神中鉄道によって行なわれ、神中所有の気動車をこの連絡線経由で相模厚木まで直通運転することとなった。直通の開始は昭和一六年（一九四一）一一月二五日のことである。これに伴って、連絡線と本線との分岐点となった相模国分駅（現相模国分信号場）から厚木を経て中新田口に至る旅客営業は廃止され、以後は貨物専用となった。

図3は相模厚木までの乗り入れが始まって間もない頃の神中鉄道の時刻表で、横浜～相模厚木間を七〇分ほどで結んでいる。ちなみに現在直通運転はないが、相鉄の特急を利用すれば三五分程度

十七年十月一日改正　　横濱・相模厚木間　（神中鐵道線）（ガソリ車併用）主要連絡驛ノミヲ示ス

粁程	運賃	驛名	101	1	103	3	7	107	9		135	67	69	137	71	73	75
0.0	錢	横濱(省)發	5 36	5 55	6 10	6 24	6 59	7 15	7 27	此ノ間	21 12	21 35	21 55	22 12	22 35	22 54	23 15
1.7	5	西横濱 〃	5 42	6 02	6 16	6 30	7 07	7 21	7 32	横濱發西谷行	21 18	21 40	22 00	22 18	22 40	22 59	23 20
3.2	10	星川 〃	5 48	6 08	6 22	6 36	7 14	7 27	7 38	7 27―20 55迄約20分毎	21 24	21 46	22 05	22 24	22 46	23 03	23 24
6.8	20	西谷 〃	5 59	6 18	6 33	6 50	7 23	7 39	7 48		21 36	21 54	22 14	22 36	22 54	23 12	23 28
10.4	30	二俣川 〃	6 09		6 43			7 48		西谷發相模厚木行	…			22 46			
17.3	45	大和 〃	6 25	…	7 00	…	…	8 05	…	8 33-20 36迄1時間	…	…	…	23 01	…	…	…
20.6	55	相模大塚 〃	6 31	…	7 10	…	…	8 14	…	乃至2時間毎	…	…	…	23 07	…	…	…
27.6	75	相模厚木 着	6 44	…	7 24	…	…	8 27	…		…	…	…	23 20	…	…	…

粁程	運賃	驛名	2	4	8	10	302	14	102		134	72	74	136	76	78	138
0.0	錢	相模厚木 發	…	…	…	…	…	…	5 54	此ノ間	19 52	…	…	…	…	…	21 52
7.0	20	相模大塚 〃	…	…	…	…	5 33	…	6 11	西谷發横濱行	20 09	…	…	…	…	…	22 09
10.3	30	大和 〃	…	…	…	…	5 40	…	6 16	6 54―20 16迄約20分毎	20 14	…	…	…	…	…	22 14
17.2	45	二俣川 〃	…	…	…	…	5 59	…	6 33		20 28	…	…	…	…	…	22 28
20.8	55	西谷 〃	5 17	5 27	5 48	6 04	6 09	6 23	6 41	相模厚木發西谷行	20 37	20 57	21 16	21 37	21 57	22 16	22 37
24.4	65	星川 〃	5 21	5 35	5 57	6 09	6 23	6 34	6 50	16 15―18 52迄1時	20 49	21 06	21 25	21 49	22 06	22 25	22 47
25.9	70	西横濱 〃	5 25	5 41	6 02	6 15	6 31	6 42	6 56	間乃至2時間毎	20 54	21 09	21 28	21 54	22 09	22 28	22 51
27.6	75	横濱(省)着	5 29	5 46	6 07	6 20	6 36	6 48	7 02		20 59	21 15	21 33	21 59	22 15	22 33	22 57

乗換案内……中央線　下リ 144 頁　上リ 146 頁

図3　東亜旅行社『鉄道省編纂　時刻表』昭和18年3月号

だ。この時刻表によれば、当時は日中一〜二時間毎に運転されていた。

直通運転の開始をもって移転するはずだった海老名国分駅は、しかし地元住民に存続を望む声が多かったことから、しばらく営業を続けることになった。このため神中鉄道との結節点となった海老名駅を、小田急の列車はしばらく通過していた。しかしこれでは神中の利便性は高まっても相模原軍都の関係者はあまり恩恵を受けられない。結局小田急の電車が海老名駅に停車するようになったのは、戦時中の陸運統合政策で小田急が昭和一七年（一九四二）五月一日に東京急行電鉄の一路線（東急小田原線）になった後の昭和一八年（一九四三）四月一日で、この日をもって海老名国分駅は廃止された。

陸地測量部は戦時中に「外地」の対応に忙しかったので、国内の地形図修正はまったくおろそかになっており、昭和四年（一九二九）鉄道補入版の次に修正したのは、四半世紀も経ったこの図である。よく見ると、小田急の厚木駅の東側（海老名方）からも線路が分岐して相模線の線路に接続している。この連絡線は何だろうか。これに関する公文書もあった。昭和一六年（一九四一）二月三日付に竣功届が出ているから、海老名の連絡線より早くに着工されたようだ。

小田原急行鉄道　相模鉄道　連絡亘《わたり》線新設工事竣功ノ件
昭和十四年十二月十八日付監第三九七八号ヲ以テ御認可相成候連絡亘線工事、二月三日竣功仕リ候間、此段及御届候也。

図4　統合された海老名駅。駅の東側に「並木」の地名付近に見えるのが連絡線。
1:25,000「座間」昭和29年修正　× 0.92

この連絡線の同年二月七日付の竣功監査報告は次の通り。些事ながら「神奈川県高座郡厚木町」はおそらく思い込みによる誤りで、本来は高座郡海老名町である。しかも厚木町とすれば愛甲郡が正しい。重箱をつつくようだが、新河原口信号所（図4では厚木駅の北東側で連絡線が分岐する地点）の所在地「海老名村」も、前年の一二月二〇日に町制施行したので「海老名町」のはずである。

小田原急行鉄道　相模鉄道　連絡線工事竣功監査報告

竣功線路ハ神奈川県高座郡厚木町《ママ》ニ於ケル厚木停車場構内（茅ヶ崎起点換算一三粁九四二米七）ヨリ神奈川県高座郡海老名村《ママ》ニ於ケル新河原口信号所（新宿起点換算四三粁九二六米八）ニ至ル延長四九〇米ニシテ、地勢平坦ニシテ工事ハ容易ナリ。□□（二字不明）線路ハ概ネ竣功ヲ告ゲ車両其他ノ運転設備モ完成セリ。（以下略）

この連絡線は、昭和一五年（一九四〇）一一月一三日付認可申請書に添付された理由書によれば、敷設目的は次の通りとなっている。

理　由　書

相模川筋ニテ生産シ、従来相模鉄道ニ由ラザル砂及砂利ヲ、小田原急行線経由ニテ東京方面へ搬出スル為メ、両社線路ノ連絡ヲ必要トスルニヨル。

東海道本線の輸送力逼迫はこの頃から厳しさを増しているので、従来は東海道本線を経由して東京方面へ運んでいた砂利を、小田急線経由にシフトさせる目論見があったのだろうか。これによって小田急も増収が期待できたはずである。

この砂利連絡線が竣功したのは、まさに一二月八日に日米開戦に突入する年であるが、戦時色が強まる中で小田急をとりまく環境の変化も大きかった。「すぐ終わる」と軽く見ていた日中戦争は泥沼の膠着状態が続き、その中で欧米の対日批判は強まり、米国の対日石油禁輸は前年より対象が広がって一層厳しさを増した。日中戦争以来、政府は各方面への統制を強めていったが、電力業界でも昭和一三年（一九三八）公布の電力管理法に始まる電力の国家管理への道を突き進んでいく。

結局は現在につながる九ブロック別の国策電力会社が地域を独占する体制がこの時に確立されたわけだが、小田原急行鉄道の親会社である明治四三年（一九一〇）創業の鬼怒川水力電気も、政府の通達により隅田川火力発電所、尾久変電所や関連する送電線などを、国策会社である日本発送電に「設備出資」という形で供出を求められていった。昭和一六年（一九四一）八月に出された配電統制令により、年度末の同一七年三月には各電鉄会社の重要な稼ぎの柱であった発送電事業は国家に奪われ、終焉を迎えることになる。

相模ダムの建設と集団離村

さて、連絡線が建設中であった昭和一五年（一九四〇）、この海老名町と厚木町の間を流れる相模川のずっと上流で、ある大型工事が着工された。相模川総合開発事業の一環として建設された相模ダムである（戦後に完成して当時の県知事が貯水池を「相模湖」と命名）。治水や利水目的もあるが、相模原の軍都などにより県内に増えつつあった軍施設の電力をまかなうのも重要な目的であった。

水没地となる土地の収用はかなり強引なもので、反対運動は非常時の論理で押し切られ、このうち相模湖のまん中に位置していた勝瀬《かつせ》集落の住民は、昭和一七年（一九四二）から一九年にかけて各地へ移転した。移転先は八四世帯のうち二八世帯が高座郡海老名町で、残りは東京府南多摩郡日野町（現日野市。一五世帯）や津久井郡与瀬町（現相模原市緑区。一二世帯）その他であった（高橋克寿「勝瀬集落の日野町移住について」『日野、住んでみてよかった』日野市のあゆみ五〇年を調査する会報告書二〇一四年三月発行より）。

このうち海老名町での移転先は大字国分の一部で、その後昭和三〇年（一九五五）に故郷の名を付けた大字勝瀬が誕生した。その地名は図4の「海老名町」の東側に見える。図は昭和二九年（一九五四）修正だが、同三二年発行なので記載が間に合ったのだろう。地名の東に見える寺院の記号は、故郷から住民とともに移ってきた鳳勝寺である。

かくして世の中は「総力戦」へと巻き込まれていく。

＊

ついでながら参考までに現在の地図も掲げておこう。小田急・相鉄の海老名駅は昭和四八年（一九七三）一二月二一日に厚木寄りに移転、間近を素通りしていた相模線にも、電化に先立つ同六二年（一九八七）に海老名駅を設置している。これにより県央の交通の結節点として海老名駅の重要度は高まることとなった。

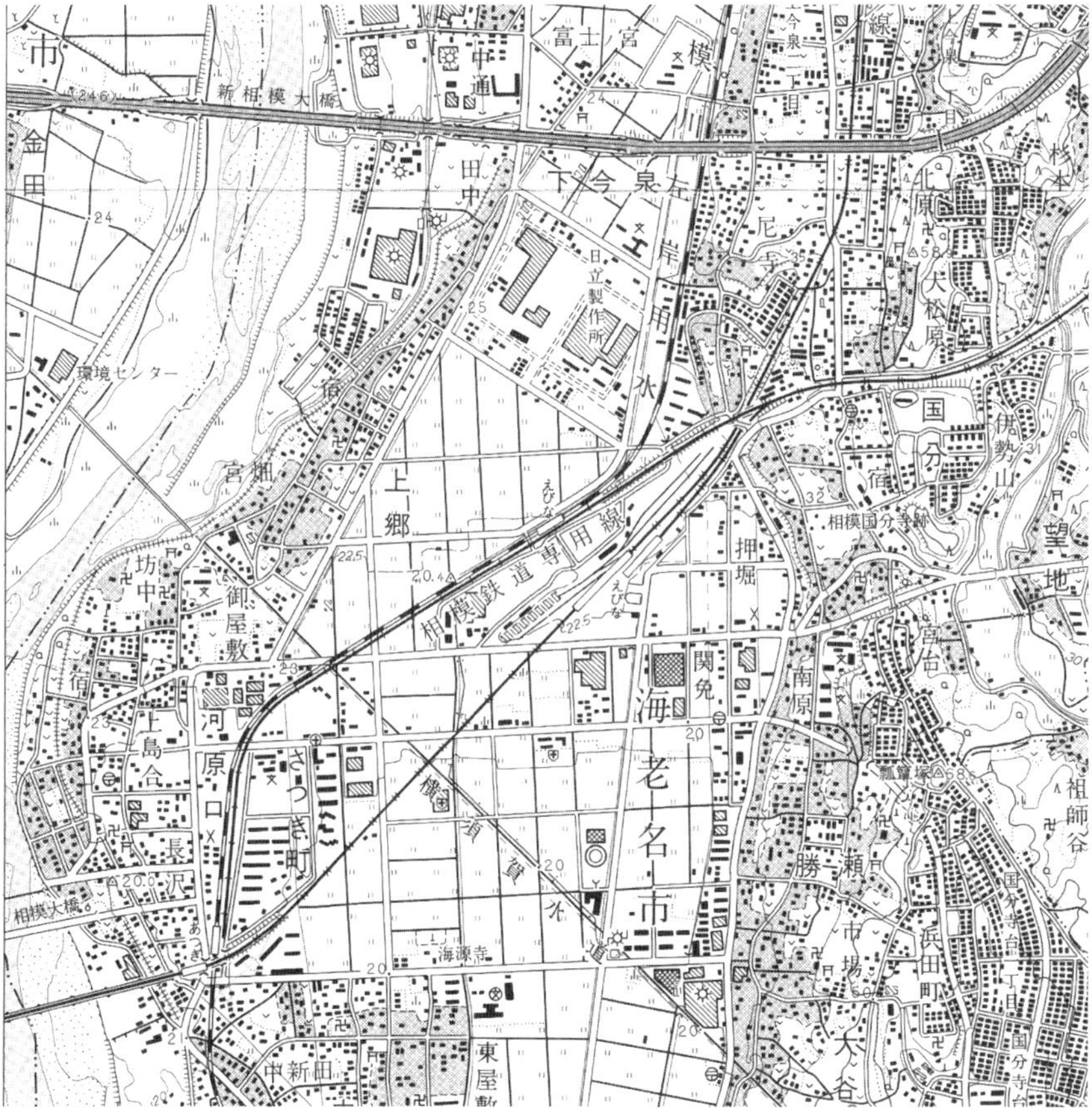

図5　海老名駅には小田急の車両基地も併設され、相模線にも駅が設置された。1:25,000「座間」平成5年部分修正　× 0.92

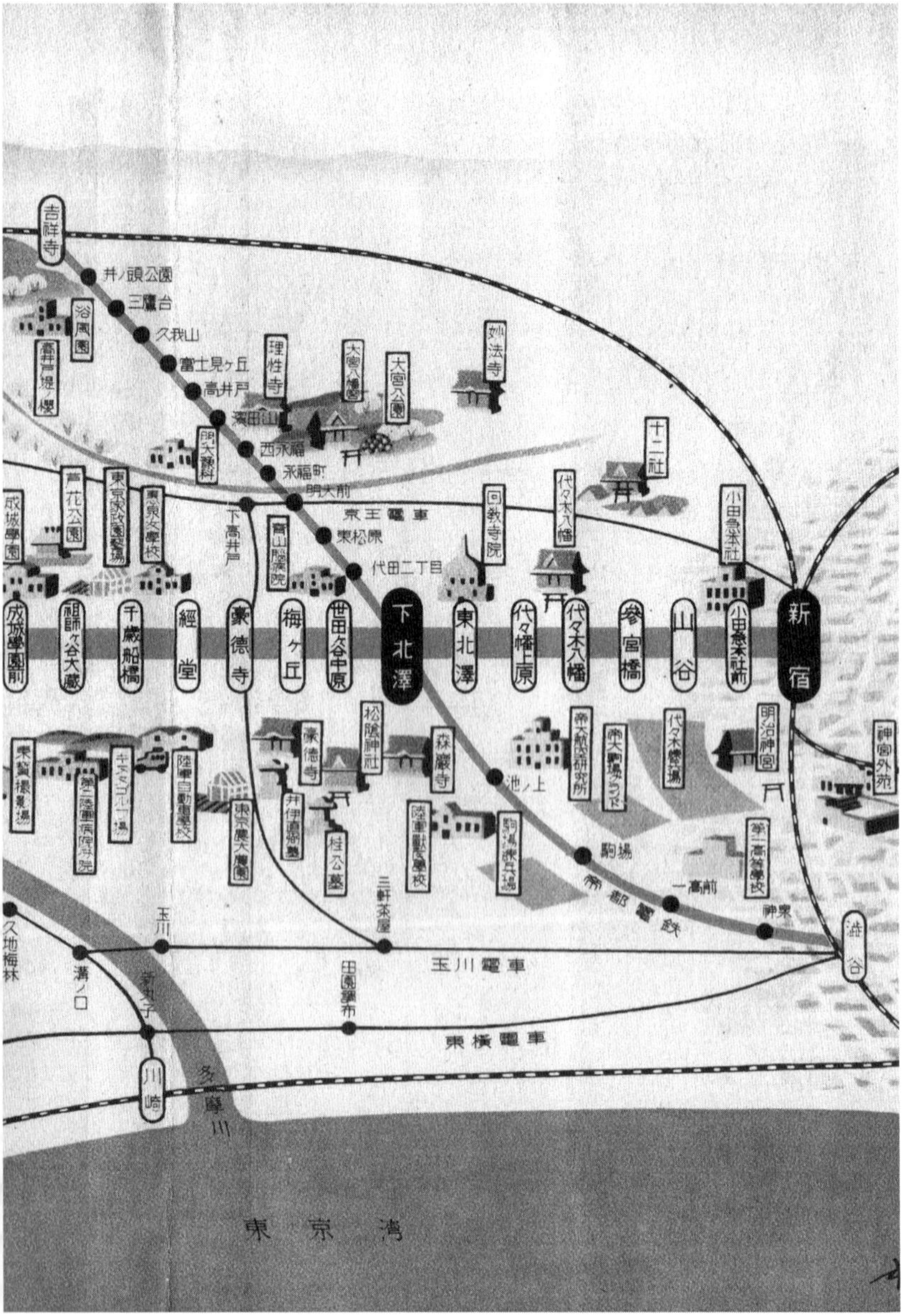
吉祥寺
井ノ頭公園
三鷹台
久我山
富士見ヶ丘
高井戸
濱田山
西永福
永福町
明大前
東松原
代田二丁目
京王電車
下高井戸
浴風園
高井戸堤ノ櫻
理性寺
大宮八幡宮
大宮公園
妙法寺
明大豫科
十二社
代々木八幡
回教寺院
小田急本社
芦花公園
成城學園
青山腦病院
成城學園前
祖師ヶ谷大藏
千歲船橋
經堂
豪德寺
梅ヶ丘
世田ヶ谷中原
下北澤
東北澤
代々幡上原
代々木八幡
參宮橋
山谷
小田急本社前
新宿
明治神宮
神宮外苑
代々木練兵場
帝大駒場グランド
東寶撮影場
陸軍自動車學校
東京農大農園
豪德寺
井伊直弼墓
松陰神社
森巖寺
桂公墓
陸軍獸醫學校
駒場練兵場
池ノ上
駒場
一高前
神泉
帝都電鐵
第一高等學校
澁谷
三軒茶屋
玉川
玉川電車
田園調布
東横電車
溝ノ口
二子
久地梅林
川崎
多摩川
東京灣

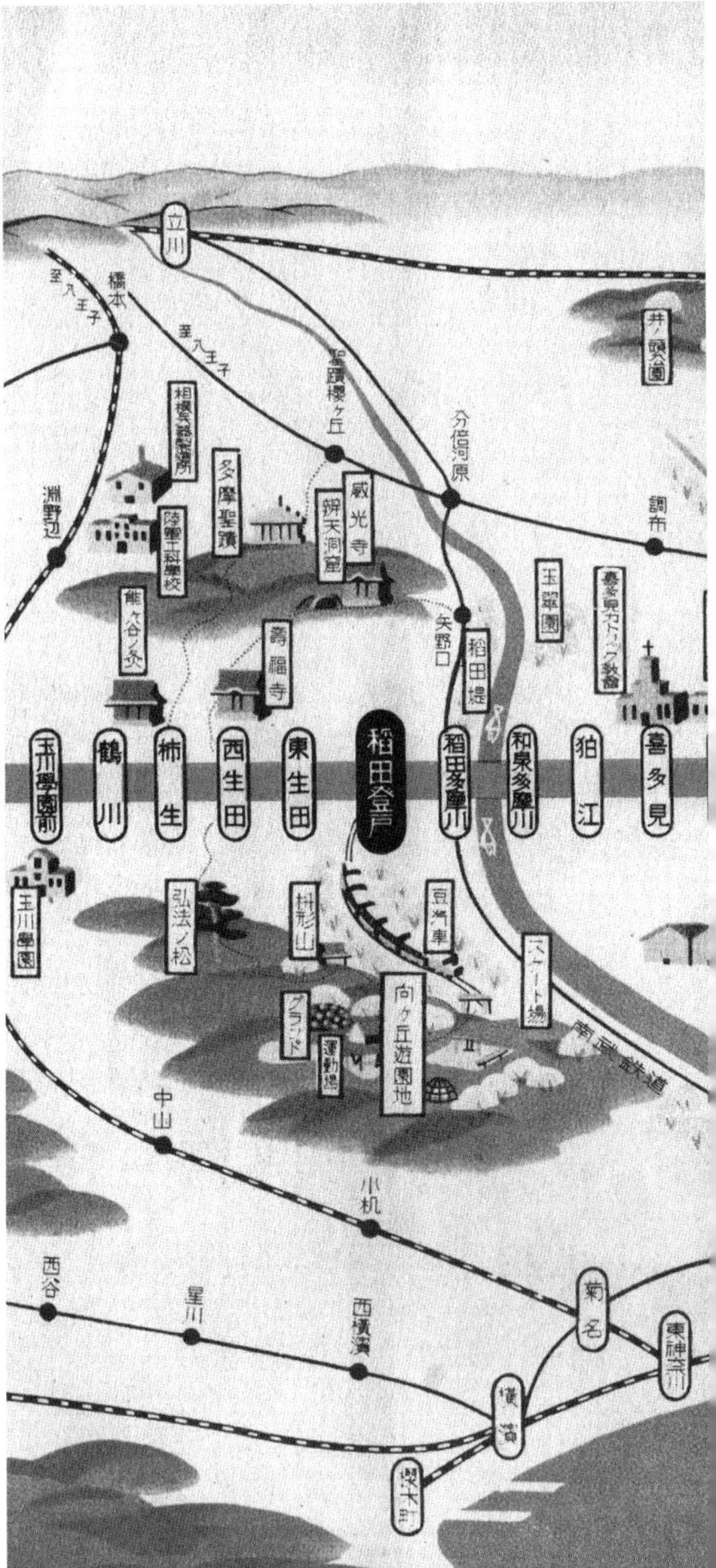

「小田急沿線案内」昭和 14 年(1939)

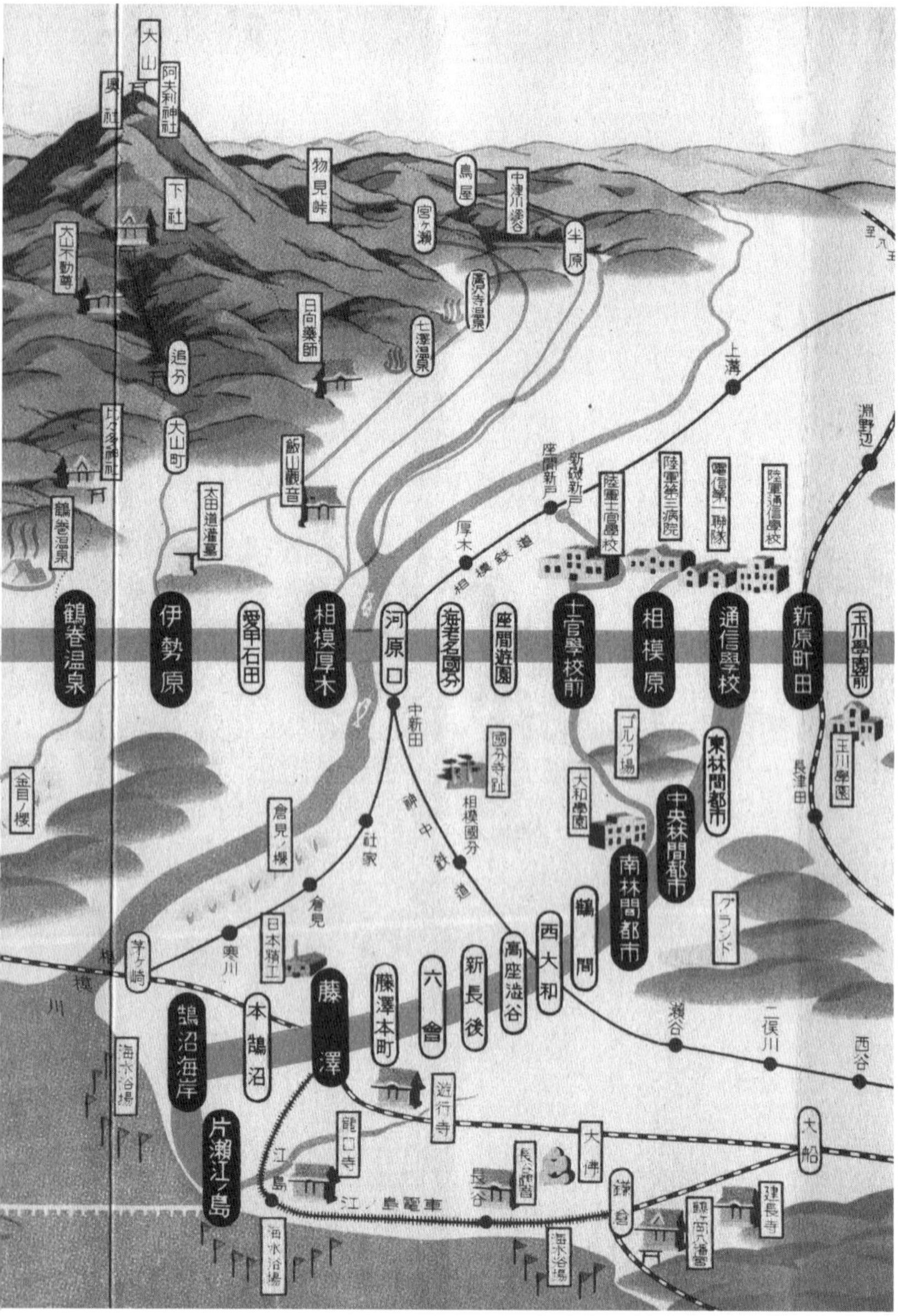

大山
奥社
阿夫利神社
下社
大山不動尊
物見峠
宮ヶ瀬
鳥屋
中津川溪谷
半原
七澤温泉
日向藥師
追分
比々多神社
大山町
飯山觀音
太田道灌墓
鶴巻温泉
上溝
淵野辺
座間新戸
新磯新戸
陸軍士官學校
陸軍第三病院
電信第一聯隊
陸軍通信學校
厚木
相模鉄道
鶴巻温泉
伊勢原
愛甲石田
相模厚木
河原口
海老名國分
座間遊園
士官學校前
相模原
通信學校
新原町田
玉川學園前
玉川學園
長津田
中新田
國分寺趾
ゴルフ場
東林間都市
中央林間都市
南林間都市
大和學園
金目ノ櫻
倉見ノ櫻
社家
相模國分
神中鉄道
倉見
寒川
日本精工
茅ヶ崎
相模川
鵠沼海岸
本鵠沼
藤澤
藤澤本町
六會
新長後
高座澁谷
西大和
鶴間
グランド
瀬谷
二俣川
西谷
海水浴場
遊行寺
龍口寺
江ノ島
大佛
大船
長谷
長谷觀音
片瀬江ノ島
江ノ島電車
鎌倉
鶴ヶ岡八幡宮
建長寺
海水浴場
海水浴場

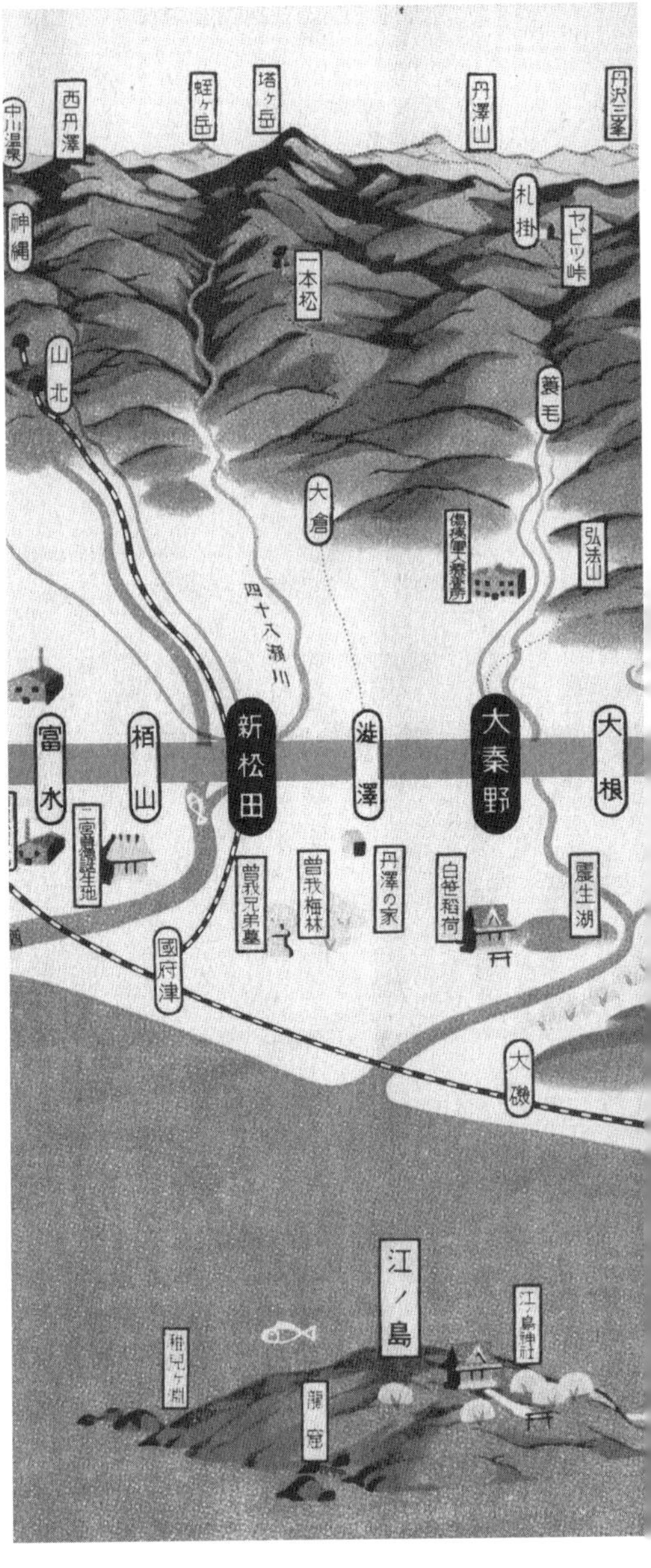

「小田急沿線案内」昭和 14 年(1939)

あとがき

鉄道省文書の「実物」と出会ったのは、『日本鉄道旅行地図帳』（新潮社）のシリーズで駅の履歴を調べていた頃のことだ。それまでどの出版物でもはっきりしなかった私鉄の駅の新設・休止・改廃の時期を確定しようと、何人かのスタッフとともにいくつもの鉄道会社の明治から昭和に至る分厚い簿冊を閲覧、目当てのデータを書き写したものである。

もちろん駅の情報などそのごく一部で、その他の膨大なページにさしあたって用はなかったのであるが、読まずに通過するにはあまりにも興味深い内容が満載であったので、いずれ時間があればこれらの貴重な記録をもとに単行本としてまとめてみたいと思っていた。

文書には、たとえば路線を誘致したい地元の熱意あふれる陳情書と、そこに連ねられたわれわれ世代の曽祖父母にあたる地元住民の署名捺印が綴じられている。電鉄と電力会社との給電契約書もあれば、会社の約款、それに鉄道省が指摘した「ここの安全対策を確実にせられたし」といった意見なども含まれ、そこには教科書で見たことのある著名な大臣の名前。これら墨痕鮮やかな文書に込められたエネルギーこそが、近代日本を作り上げてきたのだという現実が眼前に迫ってくる。

鉄道をめぐる先人たちの足跡が、読者に少しでも伝わったとすれば著者としては満足だ。もちろん取り上げたのは膨大な文書のほんの一部であり、また読む人が違えば別の物語が浮かび上がるに相違なく、本書はその「叩き台」として世に問うたつもりである。

最後に、この企画をインターネット連載として実現、それを単行本にまとめていただいた白水社編集部の岩堀雅己さんにはあらためて感謝を申し上げたい。

平成二六年（二〇一四）八月三〇日

今尾恵介

参考文献　＊本文掲載文献は除く。

『鉄道省文書』（当該各簿冊）国立公文書館蔵
『東京急行電鉄50年史』東京急行電鉄社史編纂事務局編　東京急行電鉄社史編纂委員会　昭和48年（1973）
『小田急五十年史』小田急電鉄（株）編　小田急電鉄　昭和55年（1980）
『CD-ROM 角川日本地名大辞典』角川グループパブリッシング　平成14年（2002）
『停車場変遷大事典　国鉄JR編』JTBパブリッシング　平成10年（1998）
『日本鉄道旅行地図帳　4号　関東2』今尾恵介監修　新潮社　平成20年
『日本鉄道旅行地図帳　5号　東京』今尾恵介監修　新潮社　平成20年
『私鉄史ハンドブック』和久田康雄　電気車研究会　平成5年（1993）
『全訂　全国市町村名変遷総覧』市町村自治研究会監修　日本加除出版　平成18年（2006）
『東京市町名沿革史』東京市企画局都市計画課編纂　昭和13年（1938）復刻版　明治文献　昭和49年（1974）
『川崎の町名』日本地名研究所編　川崎市　平成3年（1991）

＊この他に各種鉄道時刻表、市街図・地形図・地勢図（帝国図）等の地図を参照しました。
「この地図は、国土地理院長の承認を得て、同院発行の20万分1地勢図、20万分1帝国図、2万5千分1地形図及び1万分1地形図を複製したものである。（承認番号　平成26情複、第346号）」

＊本書は白水社ホームページで平成25年（2013）3月から同26年7月まで連載された「鉄道王国の歩み　公文書と地形図でたどる私鉄史」に加筆・修正を行なったものです。

著者紹介

今尾 恵介（いまお　けいすけ）
1959年横浜市生まれ。中学生の頃から国土地理院発行の地形図や時刻表を眺めるのが趣味だった。音楽出版社勤務を経て、1991年にフリーランサーとして独立。旅行ガイドブック等へのイラストマップ作成、地図・旅行関係の雑誌への連載をスタート。以後、地図・地名・鉄道関係の単行本の執筆を精力的に手がける。膨大な地図資料をもとに、地域の来し方や行く末を読み解き、環境、政治、地方都市のあり方までを考える。現在、（一財）日本地図センター客員研究員、（一財）地図情報センター評議員、日本地図学会「地図と地名」専門部会主査。
著書は『日本鉄道旅行地図帳』、『日本鉄道旅行歴史地図帳』（いずれも監修）、『地図で読む戦争の時代』『地図で読む昭和の日本』『地図で読む世界と日本（白水Uブックス）』、『日本地図のたのしみ』、『日本の地名遺産』、『地図の遊び方』、『路面電車』、『地形図でたどる鉄道史（東日本編・西日本編）』など多数。

装丁
三木俊一（文京図案室）

地図《ちず》と鉄道省文書《てつどうしょうもんじょ》で読《よ》む私鉄《してつ》の歩《あゆ》み
関東《かんとう》（1）東急《とうきゅう》・小田急《おだきゅう》

二〇一四年九月一五日　印刷
二〇一四年一〇月五日　発行

著　者　©今　尾　恵　介
発行者　及　川　直　志
印刷所　株式会社三陽社
発行所　株式会社白水社

東京都千代田区神田小川町三の二四
電話　営業部　〇三(三二九一)七八一一
　　　編集部　〇三(三二九一)七八二一
振替　〇〇一九〇―五―三三二二八
　　　郵便番号　一〇一―〇〇五二
http://www.hakusuisha.co.jp

誠製本株式会社

ISBN978-4-560-08386-4

Printed in Japan